Fernando Marcelino

A China se prepara para o declínio dos Estados Unidos

Trump, guerra comercial e a nova desordem mundial

KOTTER EDITORIAL

Diretor editorial: Sálvio Nienkötter
Coordenação editorial: Claudecir de Oliveira Rocha
Editora-executiva: Ingrid Leandro
Editor-assistente: João Lucas Dusi
Capa: Jussara Salazar
Design editorial: Carlos Garcia Fernandes
Produção: Joehverson Guslem Jacob
Preparação de originais e revisão: O Autor

Dados Internacionais de Catalogação na Publicação (CIP)
Angelica Ilacqua CRB-8/7057

M263c

Marcelino, Fernando
A China se prepara para o declínio dos Estados Unidos / Fernando Marcelino. — Curitiba : Kotter editorial, 2025.
136 p.

ISBN 978-65-5361-439-0

1. Ciência política 2. Economia 3. China 4. Estados Unidos 5. Sistemas econômicos 6. Guerra comercial I. Título

CDD 320

25-1914

KOTTER EDITORIAL

Kotter Editorial Ltda.
Rua das Cerejeiras, 194
CEP: 82700-510 - Curitiba - PR
Tel. + 55(41) 3585-5161
www.kotter.com.br | contato@kotter.com.br

Feito o depósito legal
1ª Edição
2025

Fernando Marcelino

A China se prepara para o declínio dos Estados Unidos

Trump, guerra comercial e a nova desordem mundial

Sumário

Apresentação 7

Parte 1

Crise dos EUA e ascensão da China **9**

Trump e a guerra global de tarifas 11

A estratégia econômica do segundo governo Trump 19

China encara o desafio de Trump 35

O arsenal das novas armas econômicas da China 43

Os EUA não estão preparados para uma guerra prolongada com a China 59

China se prepara para o declínio dos EUA 73

Nova geopolítica do Yuan digital: a próxima revolução monetária? 81

Giovanni Arrighi em Washington: as tarifas de Trump facilitam a ascensão da China? 91

Parte 2

Geopolítica de Trump para Rússia, Europa e América Latina **101**

Trump e o Kissinger reverso 103

Trump mira a China, mas atira no Hemifério Ocidental 111

Trump e a nova Doutrina Monroe 119

Em busca da soberania perdida 127

Sobre o autor 135

Apresentação

Este livro reúne artigos escritos em abril de 2025, no calor do momento do "Tarifaço Global" no início do segundo governo Donald Trump. A ação demoliu o "livre mercado", gerando uma série de reações e impactando profundamente as bases da economia global, tendo desdobramentos no campo da geopolítica, comércio internacional e na balança de poder mundial. As tarifas empurraram as duas maiores economias do mundo, Estados Unidos e China, para uma guerra comercial cada vez mais acirrada.

Em momentos de crise, o mais comum é dizer: "A única certeza é que ninguém sabe o que está acontecendo e para onde vai" ou que "não existem certezas". Isso acontece principalmente quando os acontecimentos rompem com os dogmas existentes e a realidade não se encaixa nas teorias em voga. Diante disso, ficam as perguntas: Será que as tarifas visam romper o sistema econômico global que vigora desde a Segunda Guerra Mundial? Quais são as ideias-chave dos conselheiros de Trump? Quais as consequências econômicas e geopolíticas das medidas de Trump? Como a China se preparou para a guerra comercial promovida por Trump? Quais suas políticas de Trump para Rússia, Europa e América Latina? Quais alternativas se abrem para reorientar o comércio internacional? Qual o papel do yuan digital num contexto de crescente perturbação do dólar? Quais as principais tendências geopolíticas? Como os Estados podem se defender nesta situação?

A primeira parte do livro aborda as políticas no início do segundo governo Trump e a resposta da China. Trata das estratégias econômicas em jogo, assim como as consequências geopolíticas para a disputa. A segunda parte trata dos impactos da política de Trump para a Rússia, Europa e América Latina. E, por fim, aborda a questão da crise histórica da soberania que se manifesta de formas cada vez mais explosivas. A crise vivenciada nas últimas semanas parece delinear mudanças profundas nos blocos de poder à escala mundial. Certamente ainda é cedo para ter as respostas mais completas, mas esboçamos nestes artigos alguns dos principais vetores da transição geopolítica em andamento. É um movimento que ainda não está definido, pois o velho está desaparecendo e o novo ainda não se manifesta com clareza. Mesmo assim, se este livro ajudar a entender melhor como os principais conflitos a nível mundial estão se desenrolando, ele já terá cumprido seu papel. Boa leitura!

Parte 1

Crise dos EUA e ascensão da China

1

Trump e a guerra global de tarifas

Muita gente está dizendo que Trump está louco e que as suas políticas de tarifas não fazem sentido algum. Porém, essa suposição não nos leva a entender o que realmente está acontecendo. Sua política tarifária não é mera ação impulsiva. O fundamento é mais profundo. A economia dos EUA tem dependido fortemente de déficits massivos para sustentar a demanda doméstica, uma prática que agora se tornou insustentável. A imposição dessas tarifas por Trump é uma reação nascida dessa disfunção econômica, isso é, são sintomas de uma crise mais ampla. Sua motivação principal o declínio dos EUA, em grande medida similar ao império britânico antes da Primeira Guerra Mundial. Os EUA têm um déficit enorme (US$ 1,9 trilhão ou 7% do seu PIB), uma participação decrescente na manufatura global (17% contra 30% da China) e temem perder a batalha por novas tecnologias – IA, carros elétricos e painéis solares, por exemplo. Assim, as tarifas de Trump visam intimidar o resto do mundo a subsidiar uma retomada à fórceps da economia dos EUA.

A segunda Administração Trump marca uma mudança sísmica nos assuntos mundiais e exige conhecimento histórico para entendê-la. Alguns dias depois de assumir o cargo, Trump disse: "Fomos mais ricos de 1870 a 1913. Foi quando éramos um país tarifário. E então eles adotaram um conceito de imposto de renda. É hora de os Estados Unidos retornarem ao sistema que nos tornou mais ricos e poderosos do que nunca". Durante diversos episódios, Trump vem comparando sua abordagem às políticas tarifárias do ex-presidente William McKinley do século XIX. Trump frequentemente elogia McKinley, desde que assumiu o cargo e durante a campanha eleitoral no ano passado. Em seu discurso de posse, ele se referiu a McKinley como um "grande presidente" que "tornou nosso país muito rico por meio de tarifas".

William McKinley não é um presidente em quem a maioria dos americanos — ou, na verdade, a maioria das pessoas ao redor do mundo — pensa regularmente. O presidente Trump e seus assessores, no entanto, parecem ter pensado bastante na presidência de McKinley. Em meio às ameaças de Trump de anexar a Groenlândia, tomar o Canal do Panamá, confiscar Gaza, impor tarifas, eliminar agências federais e repelir o "wokeismo", as influências de McKinley são onipresentes: de tarifas e protecionismo, ao imperialismo americano e ao "Fardo do Homem Branco". Não foi coincidência que Trump assinou uma ordem executiva em 20 de janeiro renomeando o pico mais alto da América do Norte de "Denali", um nome enraizado na herança indígena do Alasca, de volta para "Monte McKinley", em homenagem ao 25º presidente dos EUA.

Antes de sua presidência, McKinley ficou conhecido por defender tarifas como um meio de proteger as indústrias dos EUA da concorrência estrangeira. Conhecido como um "entusiasta de tarifas", o legado de McKinley inclui a lei tarifária de 1890 que leva seu nome, que aumentou substancialmente os impostos alfandegários sobre produtos estrangeiros. Na década de 1890, as tarifas alfandegárias representavam quase metade da receita federal, enquanto hoje representam menos de 2%. McKinley viveu durante um período em que os EUA se tornaram uma superpotência global. Entre 1865 e 1900, as exportações dos EUA quintuplicaram de US$ 261 milhões para US$ 1,53 bilhão. O crescimento mais rápido foi na indústria, onde empresas dos EUA emergiram como líderes mundiais, exportando bens ao redor do globo e alimentando superávits orçamentários de centenas de milhões de dólares. O progresso extraordinário na ciência, invenção e indústria nos EUA da Guerra Civil até 1900 foi em uma escala com o que a Grã-Bretanha havia alcançado de 1760 a 1830 durante a Revolução Industrial. A indústria dos EUA cresceu com famílias como Rockefeller, Carnegie, Vanderbilt e Westinghouse acumulando vastas fortunas. Além disso, McKinley foi a presidência imperialista americana anexando o Havaí, e depois da guerra com a Espanha anexando Porto Rico, Guam, Filipinas e Samoa Americana, bem como o controle de Cuba. Que o presidente Trump admire o presidente McKinley e imagine a anexação do Canadá, Groenlândia e Panamá se encaixa na sua visão de mundo.

Assim como McKinley, Trump também vê as tarifas como um meio de transferir o fardo da arrecadação de impostos dos americanos por meio de um Internal Revenue Service para a tributação de estrangeiros por meio de um External Revenue Service. Trump repete crenças antigas dentro dos círculos libertários e corporativos sobre os males da tributação doméstica. Se o governo federal cortar seu orçamento e gastar trilhões de dólares a menos a cada ano por meio da eliminação de agências como a USAID e o Departamento de Educação — juntamente com o aumento de mais receitas por meio de tarifas — isso, em teoria, reduziria substancialmente ou eliminaria os impostos pagos pelas corporações americanas e pelo povo americano.

Para Trump, grandes e persistentes déficits anuais no comércio de bens dos EUA levaram ao esvaziamento da base industrial, resultando em falta de incentivo para aumentar a capacidade industrial nacional avançada e tornando a base industrial de defesa dependente de adversários estrangeiros. Visando uma "agenda de comércio recíproco", Trump diz que a aplicação de taxas visa que as empresas norte-americanas voltem a investir no país. Em sua visão, essas tarifas buscam abordar as injustiças do comércio global, repatriar a indústria e impulsionar o crescimento econômico do povo americano. Trump reconhece que aumentar a manufatura nacional é essencial para a segurança nacional dos EUA. Para ele, a necessidade de manter uma capacidade de produção nacional resiliente é particularmente aguda em setores avançados como automóveis, construção naval, produtos farmacêuticos, equipamentos de transporte, produtos de tecnologia, máquinas-ferramentas e metais básicos e fabricados, onde a perda de capacidade pode enfraquecer permanentemente a competitividade dos EUA. O declínio na produção industrial reduziu a capacidade de produção dos EUA. Em 2023, a produção industrial dos EUA como parcela da produção industrial global foi de 17,4%, abaixo dos 28,4% em 2001. De 1997 a 2024, os EUA perderam cerca de 5 milhões de empregos na indústria e experimentaram uma das maiores quedas de empregos na indústria da história.

Durante seu discurso conjunto ao Congresso, Trump destacou um de seus principais argumentos de venda para tarifas: "Queremos cortar impostos sobre a produção doméstica e toda a manufatura", disse ele. "Se você não fabricar seu produto na América, no entanto, sob a administração Trump, você pagará uma tarifa e, em alguns casos, uma bem grande". Trump acredita que os efeitos das tarifas devem fortalecer a economia dos EUA e levar a uma realocação significativa em setores como manufatura e produção de aço. Num relatório da Casa Branca, aponta-se que "uma tarifa global de 10% faria a economia crescer em US$ 728 bilhões, criaria 2,8 milhões de empregos e aumentaria a renda familiar real em 5,7%". Trump diz que o prêmio máximo — estimular mais produção nos EUA e recuperar o status do país como um reduto industrial — valerá a pena a turbulência. Por isso, como disse Michael Stutchbury, o "Dia da Libertação" de Trump corre o risco de remontar aos anos 90. Da década de 1890.

A mais recente enxurrada de tarifas de Donald Trump — cobradas contra importações da China, UE, México, Canadá e Reino Unido — desencadeou uma onda global de pânico. Os mercados de ações estão caindo, as relações comerciais estão se desintegrando e a ameaça de recessão está mais uma vez perseguindo a economia global. Quase US$ 9 trilhões foram cortados do valor das ações dos EUA na última semana, com possivelmente mais por vir esta semana, já que as tarifas ameaçam causar um surto de inflação e uma recessão, a pior de todas as combinações.

Peter Bloom apontou que as tarifas de Trump não são atos aleatórios de agressão econômica. Elas são ferramentas cuidadosamente colocadas de alavancagem política — destinadas a punir a dissidência e recompensar a obediência. Se as tarifas parecem irracionais através das lentes da economia tradicional, elas fazem todo o sentido quando vistas através das lentes do capitalismo de crise. Este é o manual: fabrique uma disrupção, crie volatilidade e deixe os bem posicionados lucrarem com as consequências. Isso não é novidade. As elites neoliberais há muito usam crises — sejam elas naturais, financeiras ou geopolíticas — como oportunidades para reestruturar economias a seu favor. O objetivo não é prevenir crises, mas sim possuí-las, transformar catástrofes sociais e econômicas em uma série de ganhos privatizados. À medida que os mercados quebram e as rotas comerciais entram em colapso, os investidores vinculados à rede Trump podem abocanhar ativos subvalorizados, explorar o estímulo do governo e revendê-los com lucros enormes. É uma desvalorização de ativos em escala global. É por isso que os mercados financeiros não estão meramente reagindo à incerteza comercial — eles estão antecipando uma redistribuição de poder. Os mercados não estão quebrando porque Trump calculou mal. Eles estão quebrando porque o sistema está sendo reiniciado. E quando a fumaça se dissipar, a questão não é quem pagará o preço, mas quem será o dono dos destroços.

Porém, diante da eminente reorganização das cadeias globais de valor, Trump conseguirá atingir seus objetivos? Será possível substituir a taxação interna pela externa? As indústrias voltarão para os EUA? Seu tratamento de choque terá os efeitos delineados? A guerra comercial de Trump significa que estamos entrando em uma fase qualitativamente nova na história do capitalismo?

As consequências das ideias de McKinley no segundo governo Trump ainda estão no começo. Entretanto, nota-se que seja improvável que uma parcela significativa de fabricantes com fábricas no exterior venha a mover cadeias de suprimentos estabelecidas para o outro lado do mundo sob a ameaça de tarifas intermitentes cuja duração é incerta em um clima econômico tumultuado. Aqueles que o fizerem teriam que lidar com severa escassez de trabalhadores qualificados. Mesmo que uma parcela considerável fosse transferida para os EUA, o número de empregos criados seria relativamente pequeno, com uma produção altamente mecanizada. Pode-se, assim, alcançar no limite um resultado intermediário, retardando a dinâmica do fluxo comercial desfavorável assim como ganhar com a recessão em outros países. Assim como os EUA podem estar cometendo um erro que prejudicará sua própria posição global, também podem aproveitar sua posição dominante para extrair de outros países os recursos para sua reindustrialização.

De mais concreto, as políticas unilateralistas de Trump, desde o enfraquecimento das instituições internacionais até sanções indiscriminadas, corroem a posição dos Estados Unidos como "guardiões da ordem liberal", além de tornar a necessidade de se libertar da hegemonia baseada no dólar um discurso dominante. Os EUA são uma potência muito mais fraca do que no passado. Em 1890, os EUA não tinham grandes competidores. Agora tem a China com um dinamismo econômico e estabilidade política superior aos EUA e que está se levantando para transformar "crise em oportunidade" na redefinição do novo sistema de comércio global. Isso é, diante da ofensiva de Trump, a China e aliados agora têm a oportunidade de capitalizar esse momento histórico criando instituições paralelas para redefinir as regras globais. Uma dessas iniciativas é a expansão do BRICS para o BRICS+, aproveitando que diversos países devem reduzir sua dependência dos mercados ocidentais tradicionais e se integrar mais profundamente ao ecossistema industrial da Ásia. Com isso, outros países buscarão novos mercados e possivelmente buscarão alternativas ao dólar como moeda de reserva. O certo é apenas que a era da globalização baseada em regras e no livre comércio acabou. Estamos entrando em uma nova fase — mais protecionista, arbitrária e perigosa.

2

A estratégia econômica do segundo governo Trump

A decisão do presidente Donald Trump de iniciar uma guerra comercial e impor tarifas que impactam a economia global provocou diversas acusações de "políticas econômicas irracionais", que seria resultado de um autocrata imprudente que impunha tarifas por pura ignorância, loucura ou simples reflexo de estupidez. Isso, naturalmente, representa uma narrativa superficial.

As estratégias do governo Trump estão sintetizadas em alguns documentos, como o Projeto 2025. Nele estão diversas pistas sobre a direção futura da política, indicando que diversos esforços para combater o chamado "deep state" ainda precisam ser feitos. Além do desmantelamento da USAID, do Departamento de Educação e de várias outras agências, o Projeto 2025 sugere que cortes profundos também podem ocorrer no Departamento de Segurança Interna, entre outras organizações. No documento, existe um ensaio sobre "comércio justo", de Peter Navarro, conhecido pelas posições anti-China que foi indicado como conselheiro sênior para Comércio e Manufatura de Trump. Ele aconselha o presidente desde antes da eleição presidencial de 2016, quando o candidato Trump prometeu reprimir práticas comerciais desleais que, segundo ele, destruíram empregos americanos e deixaram cidades americanas, antes poderosas, apenas uma sombra do que eram no passado. No relatório, Navarro sugere que os objetivos da política dos EUA poderiam se estender à reforma ou mesmo à abolição dos princípios comerciais que sustentam o sistema de comércio global. Ele insta Trump a mirar "aqueles países que têm déficits comerciais relativamente grandes com os EUA e aplicam tarifas relativamente altas", sendo eles China, Índia, União Europeia, Vietnã, Tailândia, Taiwan, Japão e Malásia. Estes países deveriam ser alvos de grandes impostos. Navarro enfatizou a importância de focar na China e alcançar a grandeza americana, e criticou duramente a Organização Mundial do Comércio: "os EUA são explorados diariamente no mercado global, tanto por uma China comunista predatória quanto por uma OMC institucionalmente injusta e não recíproca. Enfrentar esses dois desafios contribuiria significativamente para restaurar a grandeza americana, tanto econômica quanto militarmente", escreveu Navarro.

Em artigo chamado "A política econômica do governo Trump" (Valor Econômico, 4 de abril), Armando Castelar Pinheiro aponta que, em recentes podcasts, os ministros Scott Bessent, secretário do Tesouro, e Howard Lutnick, secretário de Comércio, organizam as linhas gerais pelas quais enxergam a política econômica de Trump se desenvolvendo nos próximos anos. Essa se sustenta, essencialmente, sobre quatro pilares. Primeiro, sai de cena a prioridade no consumidor e entra aquela no trabalhador americano. Assim, a meta é implantar um amplo programa de substituição de importações de produtos industriais, semelhante ao que os países latino-americanos adotaram no pós-Segunda Guerra. Com isso se encarecem as importações. A expectativa é que os exportadores de hoje invistam e passem a produzir esses bens nos EUA, gerando empregos para a classe média. O resultado final será, como a experiência ensina, produtos mais caros, mas os empregos estarão lá. Em que número, em um mundo em que os robôs e a inteligência artificial ganham espaço, é outra questão. Provavelmente, serão relativamente poucos. De qualquer jeito, como expressou Bessent, a visão agora é de que "o sonho americano não se baseia em produtos baratos". E para compensar o custo mais alto dos bens e atrair novas plantas industriais, pretende-se reduzir os impostos. A ideia é renovar a legislação, aprovada no primeiro governo Trump, que reduziu tributos, e isentar de imposto de renda quem ganha até US$ 150.000 por ano (85% da população). Energia barata, para empresas e consumidores, é outro objetivo citado de forma recorrente. Essas propostas levariam a uma economia liberal domesticamente, mas protecionista no comércio exterior.

Porém, a visão mais consistente é elaborada por Stephen Miran. Ele é autor de um documento de 41 páginas escrito em novembro, após a vitória de Trump, e acessível online, intitulado *Um Guia do Usuário para Reestruturar o Sistema Global de Comércio.* Ele é agora o presidente do Conselho de Assessores Econômicos da Casa Branca, uma espécie de think tank do poder executivo dos EUA. A trajetória de Miran até a Casa Branca começou muito antes de seu serviço público. Após se formar na Universidade de Boston com foco triplo em economia, filosofia e matemática em 2005, fez doutorado na Universidade Harvard, onde estudou com o economista Martin Feldstein que trabalhou durante o mandato do presidente Reagan. Antes de ingressar no governo, Miran foi estrategista sênior na Hudson Bay Capital, uma empresa de gestão de investimentos, e posteriormente cofundou a Amberwave Partners, uma empresa de gestão de ativos. Ele também atuou brevemente no Tesouro dos EUA como consultor de política econômica para o Secretário Steven Mnuchin, em 2020-2021.

Longe de ser um nome conhecido, Miran está rapidamente se tornando uma figura-chave na reformulação da postura econômica dos EUA no cenário mundial, especialmente no que diz respeito ao comércio. Em grande medida, as tarifas de Trump foram uma implementação política direta das ideias de Miran — concebidas para servir como uma ferramenta de dupla função: pressionar rivais comerciais e, ao mesmo tempo, revitalizar a receita interna. Mais importante ainda, visam obrigar grandes corporações a realocar suas operações e investimentos de volta no solo americano.

O ponto de partida de Miran desafia premissas fundamentais sobre a posição econômica dos EUA. Ele argumenta que, embora o status de moeda de reserva do dólar confira aos Estados Unidos um enorme poder geopolítico (como a capacidade de congelar ativos ou excluir países do SWIFT), ele traz desvantagens significativas: 1) Moeda supervalorizada: demanda global excessiva por dólares torna exportações dos EUA menos competitivas; 2) Declínio da indústria: esta sobrevalorização da moeda "esvaziou" a indústria norte-americana; 3) Aumento do déficit comercial: o dólar sobrevalorizado contribui para um déficit persistente e crescente na balança de transações correntes. Essa perspectiva representa uma grande mudança. A maioria dos economistas há muito considera o papel global do dólar vantajoso, permitindo que os Estados Unidos tomem empréstimos baratos e gastem além de suas possibilidades. Miran inverte essa situação, sugerindo que esse "privilégio" na verdade minou a base industrial e a segurança nacional dos Estados Unidos. Embora esse status conceda aos Estados Unidos o privilégio de fornecer liquidez global por meio de déficits comerciais, também inflaciona o valor do dólar. O resultado: diminuição da competitividade das exportações americanas, enfraquecimento dos setores industriais e crescentes vazios socioeconômicos no coração industrial dos Estados Unidos.

Para Marin, Trump deve proteger a produção nacional e manter o papel global do dólar. Portanto, a política monetária precisa atingir ambos os objetivos. Para que o dólar sirva aos mercados globais, os EUA precisam continuar a apresentar déficits comerciais. No entanto, esse mesmo mecanismo corrói sua base industrial, inflaciona a dívida e enfraquece o crescimento orgânico. O que antes era considerado um "privilégio" da liderança econômica global, argumenta Miran, tornou-se um fardo insustentável. Ele compara isso a uma forma tipicamente americana de "doença holandesa", em que a demanda avassaladora pelo dólar reflete o impacto negativo de ganhos inesperados repentinos em recursos — como o petróleo em outras economias — que inflacionam artificialmente o valor da moeda e dizimam as exportações industriais. Nos EUA, essa dinâmica levou a um modelo centrado na exportação de ativos financeiros e na importação de bens, enriquecendo Wall Street e esvaziando cidades industriais como Detroit.

Para explicar esse paradoxo, Miran recorre ao "Dilema de Triffin" — um conceito econômico de longa data que destaca a contradição entre manter uma moeda global e garantir a estabilidade econômica interna. Se trata de uma proposição feita pelo economista belga Robert Triffin no início da década de 1960, argumentando que a crescente demanda por dólares como ativo de reserva só poderia ser suprida pelos persistentes déficits em conta corrente dos EUA. Isso, por sua vez, significava que o dólar estava persistentemente supervalorizado em relação às exigências de equilíbrio na balança de pagamentos. Com o tempo, argumentou ele, esse fraco desempenho comercial minaria a confiança no preço fixo do ouro em dólar. E, de fato, isso se provou. Em agosto de 1971, em resposta à desvalorização do dólar, o presidente

Richard Nixon suspendeu a conversibilidade do ouro. Após duras negociações, chegou-se a um acordo sobre novas paridades do dólar em relação a outras moedas importantes. Essas paridades não duraram e o antigo sistema de Bretton Woods, com taxas de câmbio fixas, porém ajustáveis, foi substituído pelas atuais taxas de câmbio flutuantes.

A teoria de Miran pode ser resumida da seguinte forma. O dólar está supervalorizado, o que prejudica as exportações dos EUA. Mas, como o dólar é a moeda de reserva mundial, e os títulos do Tesouro — conhecidos como T-bills — são o instrumento financeiro dominante na Terra (ter T-bills é praticamente como ter dinheiro), é quase impossível que o dólar caia. Por isso, Miran aponta que "podemos estar à beira de uma mudança geracional nos sistemas financeiros e de comércio internacional". Para ele, "a raiz dos desequilíbrios econômicos reside na persistente supervalorização do dólar, que impede o equilíbrio do comércio internacional, e essa supervalorização é impulsionada pela demanda inelástica por ativos de reserva". No cerne da estratégia econômica de Miran está uma reformulação radical de como as tarifas podem servir aos interesses dos EUA não apenas como ferramentas de geração de receita, mas também como instrumentos de alavancagem estratégica.

Miran acredita que o dólar está supervalorizado. Então, para desvalorizá-lo, ele propõe o seguinte. Primeiro, as tarifas. Então, forçar os países do G-7 a concordarem em valorizar suas moedas em relação ao dólar. É o que ele chama de Acordos de Mar-a-Lago, uma referência aos Acordos do Plaza, uma referência ao hotel de Nova York onde Ronald Reagan conseguiu exatamente isso em 1985, embora naquela ocasião o dólar tenha caído muito e dois anos depois os Acordos do Louvre, outro hotel, desta vez em Paris, tiveram que ser parcialmente revertidos. O problema é que, se o dólar se desvalorizar, os mais de trinta trilhões de euros em letras do Tesouro perdem valor em relação a outras moedas.

Isso poderia levar a uma crise financeira global e, no processo, forçar os Estados Unidos a reverter todo o processo. Então qual é a solução de Miran? Muito simples: que os Estados e bancos centrais do resto do mundo troquem seus atuais títulos do Tesouro dos EUA por novos. Esses novos títulos não seriam de no máximo 30 anos, mas sim cem ou perpétuos. Para Marin, também haveria outra opção: o título não pagaria juros. Seria literalmente um presente para os Estados Unidos. Em troca de quê? Miran não é tímido: em troca de acesso ao mercado americano e, também, proteção militar.

Sua abordagem às tarifas não visa apenas gerar receita — é um esforço estratégico para reavivar a capacidade industrial dos Estados Unidos, que tem se deteriorado constantemente diante da ascensão de potências econômicas como a China. As ambições de Miran não se limitam a tarifas ou acordos comerciais de curto prazo. Sua visão se estende a uma reengenharia completa das relações econômicas dos Estados Unidos — exigindo que os parceiros comerciais reavaliem suas moedas, aumentem os investimentos industriais nos EUA e, em alguns casos, apoiem a saúde fiscal americana comprando títulos do Tesouro com rendimento zero. Ele considera esses mecanismos essenciais para restaurar o equilíbrio econômico e garantir a prosperidade nacional a longo prazo.

O discurso que Miran proferiu em 7 de abril, na qualidade de presidente do Conselho de Consultores Econômicos dos EUA, ecoou muitos dos pontos que ele levantou em seu relatório de novembro de 2024. Em seu discurso, Miran se referiu repetidamente a Pequim como "nosso maior adversário". Ele deixou claro que os Estados Unidos buscam a dissociação econômica e gostariam de criar novas cadeias de suprimentos que excluíssem a China. Assume que Washington está usando tarifas como alavanca para tentar forçar os países a pagar aos Estados Unidos para ajudá-los a manter seu império global. Ele argumentou ainda que essas tarifas não visam punir, mas sim combater comportamentos comerciais desleais, como dumping, subsídios estrangeiros e manipulação cambial, que prejudicam trabalhadores e empresas americanas. Se as receitas tarifárias puderem ser redirecionadas para a redução de impostos internos, afirma Miran, o resultado será um impulso competitivo para as indústrias americanas.

Para Miran, "a maioria dos economistas e alguns investidores" que "descartam as tarifas como contraproducentes, na melhor das hipóteses, e devastadoramente prejudiciais, na pior. Eles estão errados. Uma das razões pelas quais o consenso econômico sobre tarifas é tão equivocado é que quase todos os modelos que os economistas usam para estudar o comércio internacional pressupõem a ausência total de déficits comerciais ou pressupõem que os déficits são de curta duração e se autocorrigem rapidamente por meio de ajustes cambiais". Miran diz que, de acordo com os modelos padrão, os déficits comerciais causarão o enfraquecimento do dólar, o que reduzirá as importações e impulsionará as exportações, eventualmente eliminando o déficit comercial. Se isso acontecer, as tarifas podem ser desnecessárias, pois o comércio se equilibrará ao longo do tempo e, nessa visão, intervir com tarifas só pode piorar a situação. Na estrutura de Miran, as tarifas não servem apenas para proteger as indústrias nacionais; elas desempenham diversas funções estratégicas. As tarifas poderiam ajudar a gerar os quase US$ 5 trilhões necessários para estender esses cortes sem aumentar o déficit. A proposta para a China é particularmente agressiva: um aumento mensal perpétuo nas tarifas até que as demandas dos EUA sejam atendidas. Essa tática de pressão crescente seria acompanhada de esforços para convencer outras nações a aderir ao regime tarifário contra a China.

Miran afirmou que os Estados Unidos fornecem dois principais "bens públicos globais": um, um "guarda-chuva de segurança" supervisionado pelos militares dos EUA; e dois, o dólar e os títulos do Tesouro, que são usados como o principal ativo de reserva no sistema financeiro internacional. "Ambas são custosas para nós", reclamou. Miran insistiu que "é necessário melhorar a divisão de encargos em nível global", acrescentando que "se outras nações quiserem se beneficiar do guarda-chuva geopolítico e financeiro dos EUA, então elas precisam fazer a sua parte e pagar a sua parte justa". Em suma, os países estrangeiros devem ajudar a "arcar com os custos" da administração do império americano. Em suas palavras: "O presidente Trump deixou claro que não tolerará mais que outras nações se aproveitem do nosso sangue, suor e lágrimas, seja na segurança nacional ou no comércio. Para continuar a fornecer esses dois bens públicos globais, é necessário melhorar a repartição dos encargos a nível global. Se outras nações quiserem beneficiar-se do guarda-chuva geopolítico e financeiro dos EUA, precisam contribuir e pagar a sua quota-parte. Os custos não podem ser suportados apenas pelos americanos comuns, que já doaram tanto".

Para Miran, um dólar mais fraco restaurará a grandeza industrial dos Estados Unidos. Um influxo de investimento estrangeiro turbinará a economia americana. O financiamento sem juros ajudará a domar a dívida nacional e a distribuir a responsabilidade pelo financiamento da segurança global. Em sua narrativa, a enxurrada de novas barreiras comerciais de Trump não visa alcançar uma concessão estratégica específica ou benefício econômico de curto prazo. O objetivo é, em vez disso, forçar outros países a se sentarem à mesa para um grande acordo. Pode haver alguns solavancos ao longo do caminho, à medida que consumidores e empresas lutam para se ajustar às novas restrições; o tumulto resultante pode até desencadear uma recessão global. Mas isso é intencional. Quanto mais Trump puder se retratar como um louco disposto a afundar a economia mundial, mais temerosos e desesperados outros países ficarão por qualquer tipo de alívio. Assim que os líderes estrangeiros estiverem praticamente implorando pelo fim da loucura induzida por tarifas, Trump os convocará para seu complexo na Flórida, onde apresentará uma série de exigências. Primeiro, os parceiros comerciais dos Estados Unidos devem se engajar em um esforço coordenado para elevar o valor de suas próprias moedas em relação ao dólar, uma medida destinada a tornar os produtos americanos mais baratos para vender no exterior. Países que têm grandes superávits comerciais com os Estados Unidos, como Alemanha e China, também podem ser obrigados a fazer grandes investimentos para construir fábricas no coração dos Estados Unidos. Bancos centrais estrangeiros concordarão em trocar seus atuais títulos da dívida americana por "títulos do século" que não pagam juros por 100 anos, na prática fornecendo financiamento gratuito aos Estados Unidos.

A lógica é que Washington ameaça impor tarifas elevadas aos países, a menos que eles concordem em fazer concessões significativas que beneficiem a economia americana em detrimento da sua própria, como parte de um hipotético "Acordo de Mar-a-Lago". Em sua visão, linhas claramente traçadas entre os aliados e os adversários dos Estados Unidos inaugurarão a estabilidade global. "Tal arquitetura marcaria uma mudança nos mercados globais tão grande quanto Bretton Woods ou seu fim", escreve Miran, referindo-se ao acordo de 1944 que deu origem ao regime comercial moderno e à decisão de 1971 de retirar o mundo do padrão-ouro. Para Marin, o Acordo de Mar-a-Lago entrará para os anais da história como o acordo do século.

Os limites da economia política de Miran

Para Miran, o governo Trump não está tentando desmantelar o império americano; pelo contrário, quer fortalece-lo. "Nosso domínio militar e financeiro não pode ser considerado garantido, e o governo Trump está determinado a preservá-los", disse ele. Quando Miran propôs que os países "simplesmente assinassem cheques para o Tesouro", ele se refere à ideia de que governos estrangeiros deveriam comprar títulos do Tesouro americano de prazo muito longo, como títulos de 100 anos, com baixos rendimentos. Estes se desvalorizariam com o tempo, com a inflação, subsidiando Washington. O plano de Miran é uma forma direta de impor uma dominação da economia mundial na qual o resto do mundo paga aos Estados Unidos em troca de poder vender-lhe coisas e ter seu guarda-chuva defensivo. Um plano tão arriscado quanto ousado. E algo que Wall Street e a City de Londres elevaram ao status de um texto sagrado que orienta o que Trump quer fazer.

Na mente de Miran, a manipulação cambial de governos estrangeiros é em grande parte responsável pelo declínio da indústria americana. A «supervalorização» do dólar americano é a razão do grande déficit comercial dos Estados Unidos. Essa supervalorização torna as exportações dos EUA menos competitivas, as importações dos EUA mais baratas e prejudica a indústria americana». É uma visão curiosa, porque até agora a visão dominante tem sido a de que o dólar é um «privilégio exorbitante», como disse Valerie Giscard d›Estaing, então Ministro da Economia francês e futuro Presidente, na década de 1960. Dada a demanda global por dólares, os Estados Unidos podem tomar emprestado muito mais do que qualquer outro país sem sofrer uma crise de dívida, e podem produzir muito mais dólares do que seria inicialmente saudável para sua economia, porque sempre haverá demanda por letras do Tesouro e dólares americanos fora de suas fronteiras.

A teoria econômica – como Miran e outros do círculo trompista explicam – está cheia de furos. A análise empírica dessa nova visão sobre o comércio é limitada e, com as poucas evidências disponíveis, encontra pouco ou nenhum suporte para as hipóteses. Primeiro que as ligações entre o papel do dólar como moeda de reserva, o déficit crônico em conta corrente dos EUA e a fraqueza do emprego e da produção industrial estão erradas. Os EUA estão longe de ser o único país de alta renda com queda na participação do emprego na indústria. Segundo que o novo acordo monetário proposto permitiria, de fato, que os EUA combinassem a emissão de uma moeda de reserva com seus objetivos setoriais melhor do que quaisquer alternativas plausíveis. Terceiro que não está tão claro que Trump será capaz de manter qualquer acordo que tenha alcançado. Afinal, ele abandonou a Ucrânia, colocou em dúvida o compromisso com a OTAN e lançou um ataque ao Canadá e outros aliados. O tratamento dado por Trump aos aliados dificilmente dará garantias de que o cumprimento de tal acordo trará estabilidade. Mesmo que alguns países o cumpram, isso não resolverá o problema do déficit dos EUA. Não é possível resolver simultaneamente o problema do déficit e manter o dólar americano desvalorizado como moeda mundial. Diversos países ao redor do mundo não concordariam com coisas que não fossem do seu interesse econômico porque os EUA querem. E os estrategistas de Trump parecem não ter percebido que, depois das tarifas, do Afeganistão e agora da Ucrânia, ninguém confia nos Estados Unidos para fornecer acesso ao mercado ou proteção militar.

Neste cenário, Trump e suas políticas podem ser um verdadeiro tiro de bazuca nos pés. As medidas adotadas por Trump podem provocar o efeito inverso do que o esperado. Isso porque o crescente déficit norte-americano em transações correntes não decorre da falta de tarifas, mas reflete a deterioração da posição competitiva das empresas norte-americanas em termos nacionais e internacionais. Essa deterioração foi enfrentada especializando-se na intermediação financeira global. As multinacionais norte-americanas viram receitas e lucros crescerem, mas esse crescimento ocorreu principalmente no exterior e essas empresas só podem manter sua participação no mercado global se reinvestirem o lucro no exterior. Assim, as causas de longo prazo da redução de competitividade não foram enfrentadas, fazendo os EUA perderem competitividade de pouca tecnologia e uso intensivo de mão de obra, como também nas atividades de alta tecnologia e uso intensivo de conhecimento, que são a espinha dorsal da vantagem comparativa dos EUA. A questão de fundo é que a China tem grande superávit comercial porque são competitivos. E, por isso, os EUA querem fazer com o resto do mundo o que fizeram com o Japão em 1985 [os acordos Plaza, que levaram à valorização do iene], matando a expansão japonesa. Simplificando, o plano é essencialmente fazer com que outras economias importantes concordem em valorizar suas próprias moedas e ajudar a desvalorizar o dólar americano. Espera-se que isso alcance as metas declaradas pelo governo dos EUA de tornar os produtos produzidos nos Estados Unidos mais competitivos e impulsionar sua indústria de manufatura. No entanto, isso também tornaria as exportações dos participantes menos competitivas.

A ex-economista-chefe do Departamento de Relações Exteriores e Comércio Jenny Gordon apontou que as ideias delineadas por. Miran dificilmente resultariam na redução dos déficits e no retorno dos bons empregos - que eram a motivação principal. Para ela, a lógica era falha por uma série de razões: 1) Os EUA precisariam tomar dinheiro emprestado para reinvestir em seu setor manufatureiro, o que aumentaria o valor do dólar americano — o oposto do que o acordo pretende fazer; 2) A mudança nos padrões de consumo, a tecnologia e o envelhecimento da população contribuíram tanto, se não mais, do que o comércio global para afastar os empregos bem remunerados do coração industrial da América; e 3) O plano faria com que os países abandonassem o dólar americano como moeda de reserva, e o Trump disse que não quer isso.

Para Michel Hudson, em vez de apoiar o crescimento da indústria americana, o efeito das tarifas e outras políticas fiscais de Trump será proteger e subsidiar a obsolescência e a desindustrialização financeirizada. Sem reestruturar a economia rentista e financeirizada para levá-la de volta ao plano de negócios original do capitalismo industrial, com mercados livres da renda rentista, como defendido pelos economistas clássicos e suas distinções entre valor e preço e, portanto, entre aluguel e lucro industrial, seu programa não conseguirá reindustrializar os Estados Unidos. De fato, ameaça empurrar a economia americana para uma depressão – para 90% da população, pelo menos. Trump não tem planos de recriar tal economia industrial. Em vez disso, ele defende a filosofia econômica oposta: enxugamento do governo, enfraquecimento da regulamentação pública, privatização da infraestrutura pública e abolição do imposto de renda progressivo. Este é o programa neoliberal que aumentou a estrutura de custos da indústria e polarizou riqueza e renda entre credores e devedores. Donald Trump deturpa este programa como sendo favorável à indústria, e não à sua antítese.

Hudson critica a crença de que as tarifas, por si só, podem reanimar a indústria americana. Na realidade, esconde a inexistência de planos para lidar com os problemas que causaram a desindustrialização dos Estados Unidos. Não há reconhecimento do que tornou o programa industrial original dos EUA e da maioria das outras nações tão bem-sucedido. Esse programa baseava-se em infraestrutura pública, aumento do investimento industrial privado e salários protegidos por tarifas, além de forte regulamentação governamental. A política de corte e queima de Trump é o inverso – reduzir o tamanho do governo, enfraquecer a regulamentação pública e vender a infraestrutura pública para ajudar a pagar os cortes de imposto de renda de sua classe de doadores. Isto é apenas o programa neoliberal sob outra roupagem. Trump o apresenta de forma equivocada como um apoio à indústria, não à sua antítese. Sua iniciativa não é um plano industrial, mas sim um jogo de poder para extrair concessões econômicas de outros países, enquanto reduz os impostos de renda dos ricos. O resultado imediato será demissões generalizadas, fechamento de empresas e inflação dos preços ao consumidor.

Trump está, portanto, promovendo uma narrativa simplista e descaradamente falsa sobre o que tornou a política de industrialização americana do século XIX tão bem-sucedida. Para ele, o que é grandioso é a parte "dourada" da Era Dourada, não sua decolagem industrial e social-democrata liderada pelo Estado. Sua panaceia é que tarifas substituam o imposto de renda, juntamente com a privatização do que resta das funções governamentais. Isso daria a um novo grupo de barões ladrões carta branca para enriquecer ainda mais, reduzindo a tributação e a regulamentação governamental sobre eles, ao mesmo tempo em que reduz o déficit orçamentário com a venda do domínio público restante, desde terras de parques nacionais até os correios e laboratórios de pesquisa.

Em nítido contraste com a desindustrialização ocidental, destaca-se a bem-sucedida decolagem industrial da China. Hoje, o padrão de vida na China é, para grande parte da população, tão alto quanto o dos Estados Unidos. Isso é resultado da política do governo chinês de fornecer apoio público aos empregadores industriais, subsidiando necessidades básicas (por exemplo, educação e assistência médica), trens públicos de alta velocidade, metrô local e outros transportes, melhores comunicações de alta tecnologia e outros bens de consumo, além de seus sistemas de pagamento. Mais importante ainda, a China manteve o setor bancário e a criação de crédito no domínio público, como um serviço público. Essa é a política fundamental que lhe permitiu evitar a financeirização que desindustrializou os EUA e outras economias ocidentais. Como diz Milton Pomar, a diferença fundamental entre a China e as demais grandes economias é que o sistema financeiro chinês não manda na China. A China é que manda em seu sistema financeiro.

A postura agressiva de Trump minou ainda mais a confiança no dólar no exterior e está causando sérias interrupções na cadeia de suprimentos da indústria americana, interrompendo a produção e causando demissões no país. Embora as tarifas possam levar a um dólar mais forte no curto prazo, se Trump as mantiver perpetuamente, isso provavelmente levará a um crescimento estruturalmente menor, e o valor de equilíbrio do dólar a longo prazo provavelmente será menor do que seria de outra forma. A erosão estrutural das instituições e a renúncia dos EUA à sua posição dominante no cenário mundial enfraquecem a posição de reserva do dólar. Embora no curto prazo o dólar provavelmente esteja seguro devido à falta de alternativas, no médio prazo, a pressão para o fim de sua dominância aumentará e, com isso, de parte de seu valor. Significaria um período de caos econômico internacional, enquanto os países lutam para encontrar alternativas ao dólar. Poderia até mesmo desencadear uma crise financeira global, minando a confiança no mercado do Tesouro dos EUA, assim como a desvalorização dos empréstimos subprime minou a confiança no mercado hipotecário em 2008. Como disse o economista Mark Sobel: "O dólar pode de fato cair, mas não da maneira que Trump gostaria".

3

China encara o desafio de Trump

Em 2 de abril, chamado de "Dia da Libertação" pelo presidente Trump, ele impôs sobretaxas de 34% sobre o país asiático, valor que se somava aos 20% já impostos anteriormente. No dia 8 de abril, adicionou taxas de 50%, totalizando a estrondosa tarifa de 104%. Em resposta ao primeiro anúncio de Trump de sobretaxa em 2 de abril, o governo chinês anunciou retaliação de 34% sobre as importações americanas — o mesmo valor estabelecido inicialmente pelos EUA. E adicionou 50% — assim como Trump fez – chegando a para 84%. No dia 10 de abril, os EUA colocaram novas tarifas, chegando a 145%, continuando a escalada da guerra comercial.

Se em outros momentos as políticas unilateralistas dos EUA eram sumariamente defendidas e impostas, agora a China representa um competidor com um grande dinamismo econômico e estabilidade política e que está se levantando para transformar "crise em oportunidade" na redefinição do novo sistema de comércio global. Ao anunciar sua última rodada de tarifas sobre exportações dos EUA em 9 de abril, o Ministério do Comércio da

China disse que Pequim "tem a firme vontade e os meios abundantes para tomar as contramedidas necessárias e lutar até o fim".

A expectativa é que economia de US$ 20 trilhões da China deve ser capaz de absorver o impacto das tarifas dos EUA. A China é de longe o país com maiores reservas internacionais do mundo, com mais de US$ 3,2 trilhões. Ela está mais bem preparada do que a maioria dos países para lidar com as consequências das investidas comerciais de Trump.

A resposta chinesa para a "guerra tarifária" de Trump está sendo cautelosa, com ações cirúrgicas, pensando em seus efeitos de longo prazo. A reciprocidade de tarifas não é o único instrumento à disposição da China para lidar com o protecionismo de Trump. Ela está mobilizando a combinação de várias frentes de ação que pode penalizar os americanos e testar a força da política protecionista do atual comandante da Casa Branca. Destacamos as 10 principais contramedidas que estão sendo e ainda podem ser utilizadas pela China:

1 – Retaliação sobre empresas: A China incluiu uma série de empresas de defesa e tecnologia dos EUA na Lista de Controle de Exportação e na Lista de Entidades Não Confiáveis, proibindo a exportação de itens de dupla utilização para essas empresas, proibindo-as de se envolver em atividades de importação/exportação ou de fazer novos investimentos na China. São grandes empresas que possuem forte poder de lobby em Washington, o que impulsiona as contradições dos EUA. Outra medida que passa a ser cogitada é o controle de capitais, por exemplo, com a cobrança de tarifa para que empresas americanas instaladas na China remetam dividendos para os Estados Unidos.

2 – Restrição aos produtos agrícolas: A China respondeu às novas tarifas dos EUA anunciando que imporá tarifas adicionais de até 15% sobre as importações de produtos agrícolas dos EUA, incluindo frango, carne suína, soja e carne bovina, e expandiu os controles sobre negócios com importantes empresas americanas. A agricultura representa uma vulnerabilidade estratégica e política para os EUA em disputas comerciais com a China, prejudicando estados agrícolas onde o Partido Republicano domina. A China consome 14% de todas as exportações agrícolas dos EUA. Embora ainda seja o maior mercado para a agricultura dos EUA, as importações chinesas de grãos e outras commodities agrícolas e agronegócios caíram desde 2018, quando Pequim impôs tarifas retaliatórias de até 25% sobre soja, carne bovina, suína, trigo e milho. Dados mostram que a China importou US$ 29,25 bilhões em produtos agrícolas dos EUA em 2024, uma contração de 14% em relação ao ano anterior. A China também começou uma investigação antidumping e a suspensão das importações de certos produtos agrícolas de exportadores específicos dos EUA. As restrições fizeram as ações agrícolas chinesas subirem acentuadamente, com investidores apostando que as tarifas limitariam as importações agrícolas e impulsionariam os produtores da indústria agrícola doméstica.

3 – Restrição ao acesso à terras raras: A China impôs restrições à exportação de elementos de terras raras como parte de sua resposta abrangente às tarifas do presidente dos EUA, reduzindo o fornecimento ao Ocidente de minerais usados para fabricar armas, eletrônicos e uma variedade de bens de consumo. A China produz cerca de 90% das terras raras do mundo, um grupo de 17 elementos usados nas indústrias de defesa, veículos elétricos, energia e eletrônicos. O domínio da China no mercado global deve-se, em grande parte, ao seu monopólio no processamento de terras raras pesadas essenciais, como disprósio e térbio, bem como de terras raras leves, como neodímio e praseodímio. Quando Deng Xiaoping percebeu a importância crítica das terras raras na década de 1980, ele deu início ao processo para alcançar o domínio estratégico do mercado. A China criou um vasto ecossistema em torno desses minerais ao longo dos anos, supervisionando todas as fases, desde a extração até a criação de produtos acabados, especialmente ímãs de terras raras, essenciais para setores como energia renovável, veículos elétricos e tecnologias de defesa. A China atualmente possui uma vantagem significativa no controle das cadeias de suprimentos desses minerais vitais. Os Estados Unidos têm apenas uma mina de terras raras e a maior parte de seu suprimento vem da China. A China foi responsável por 70% das importações americanas de compostos e metais de terras raras entre 2020 e 2023. As restrições à exportação incluem não apenas minerais extraídos, mas também ímãs permanentes e outros produtos acabados que serão difíceis de substituir. Segundo o Ministério do Comércio da China, esses minerais incluem samário, gadolínio, térbio, disprósio, lutécio, escândio e ítrio. O samário é usado em lasers, ímãs poderosos e como absorvedor de nêutrons em reatores nucleares; o gadolínio é usado em máquinas de ressonância magnética; o térbio é usado em sensores eletrônicos e alto-falantes; o disprósio também é usado em barras de controle para reatores nucleares; o lutécio e o escândio são usados principalmente em pesquisas; e o ítrio é usado em ligas de aço e alumínio como agente de fortalecimento, mas também tem aplicações em radares e fósforos para LEDs. Presumivelmente, os fabricantes têm estoques, então acreditamos que os efeitos colaterais dessas mudanças não serão imediatos. Porém, a restrição a estes materiais pode inviabilizar qualquer iniciativa de reindustrialização nos EUA, pois afeta diretamente a fabricação de armas, eletrônicos e uma variedade de bens de consumo e alta tecnologia. Qualquer avanço industrial e tecnológico pode sofrer significativamente se o fornecimento desses recursos for interrompido. Assim, Washington será obrigada a construir novas cadeias de suprimentos de terras raras fora da China, fortalecendo alianças com países como Brasil, Índia, Austrália, Canadá e vários estados europeus. Prevê-se que o aumento da competição estratégica no futuro de minerais vitais caracterize as relações dos EUA com a China neste domínio. Como ambos os países buscam estabelecer controle sobre esta indústria crucial, essa dinâmica impactará os padrões do comércio internacional, criará novas alianças e mudará as cadeias de suprimentos globais.

4 – Saída de Wall Street: As cinco gigantes estatais China Life Insurance, PetroChina, China Petroleum & Chemical, Aluminium of China e Sinopec Shanghai Petrochemical, que somam juntas US$ 370 bilhões em capitalização de mercado anunciaram que vão retirar seus ADR (certificados de depósitos americanos). A Didi Global já tinha deixado a Bolsa de Valores de Nova York (NYSE) em junho, enquanto o Alibaba (BABA34) informou nos últimos dias que a Bolsa de Valores de Hong Kong será sua "listagem primária". Outras duzentas empresas também estão prestes a deixar o mercado financeiro americano. Com esse movimento, a expectativa é que o mercado perca rapidamente a fé nos ativos norte-americanos. Em vez de se voltarem para o dólar ou para títulos americanos, que seriam territórios seguros em momentos de instabilidade, agora os investidores internacionais estão acelerando um processo de desdolarização num ritmo acelerado.

5 – Crédito para o mercado: Para mitigar o impacto das tarifas, Pequim provavelmente se concentrará em estímulos internos. Dinheiro não vai faltar na China. No começo desse mês, o Banco Central de Pequim cortou surpreendentemente as taxas de juros de 10 pontos base, para 2,75%, abrindo contextualmente as torneiras da liquidez. Espera-se mais reduções nas já baixas taxas de juros da China, juntamente com mais empréstimos por parte dos governos locais e assistência aos trabalhadores exportadores afetados. Devem ser criados mais estímulos, de aproximadamente 3 trilhões de yuans (US$ 411 bilhões) em títulos especiais do

Tesouro de longo prazo e de 4,5 a 5 trilhões de yuans em títulos de propósito específico de governos locais. Também serão introduzidas medidas para impulsionar os gastos do consumidor e incentivar a inovação do setor privado.

6 – Diversificação comercial: A China deve fortalecer laços com seus parceiros comerciais para atingir uma meta de crescimento de cerca de 5%. Deve aumentar discretamente as exportações para parceiros, particularmente no Sul Global, por meio de medidas como empréstimos e alívio da dívida.

7 – Restrições para indústria cinematográfica de Hollywood: O governo chinês está estudando a redução ou proibição da importação de filmes dos EUA. A China é o segundo maior mercado cinematográfico no mundo e, por isso, a medida poderia representar um grande baque para os estúdios americanos. Em 2024, os filmes dos EUA arrecadaram cerca de US$ 585 milhões na China. Isso representa cerca de 3,5 por cento do total de US$ 17,71 bilhões de bilheteria da China. A bilheteria total dos EUA e Canadá no mesmo período foi de cerca de US$ 8,56 bilhões.

8 – Câmbio: a taxa de câmbio na China é administrada pelo governo. Normalmente, o banco central chinês evita grandes oscilações da moeda. Mas também pode fazer uso da política cambial para defender os interesses locais em situações extremas, como acontece agora. Dessa forma, a China pode permitir a desvalorização do yuan, reduzindo assim os preços de exportação e compensando algumas das perdas com tarifas.

9 – Venda de títulos da dívida pública americana: A China é o segundo maior detentor desses papéis. Nos últimos sete meses, o governo de Pequim já vendeu 10% de sua carteira total de títulos da dívida pública americana (Treasury), cerca de US$ 113 bilhões. Agora são US$ 761 bilhões, segundo o último relatório do Departamento do Tesouro dos Estados Unidos. Em primeiro lugar está o Japão, com US$ 1,08 trilhão. Em terceiro está o Reino Unido, com US$ 740 bilhões. O Brasil detém US$ 200 bilhões em títulos da dívida dos Estados Unidos. A venda dos títulos chineses está sendo chamado de "bomba atômica financeira", podendo levar a drásticas consequências.

10 – Novo sistema internacional de pagamentos: A China fez um movimento estratégico e silencioso em pagamentos internacionais. O Banco Popular da China (PboC) anunciou que seu sistema digital de liquidação transfronteiriça em RMB será totalmente conectado às dez nações da ASEAN e seis países do Oriente Médio, o que implica que cerca de 38% do comércio global poderá ignorar a rede SWIFT dominada pelo dólar americano. Ao contrário do SWIFT, onde as transações levam de 3 a 5 dias e envolvem múltiplos intermediários, a moeda digital chinesa está pronta para fazer a ponte e reduzir o tempo de processamento para apenas alguns segundos. A velocidade e a transparência do sistema estão forçando uma reavaliação das estruturas dependentes do dólar, especialmente em mercados emergentes. Sua arquitetura de blockchain aplica protocolos antilavagem de dinheiro automaticamente, reduzindo os riscos de fraude e mantendo a rastreabilidade. Essa eficiência já atraiu 23 bancos centrais, com traders de energia do Oriente Médio relatando uma queda de 75% nas despesas de liquidação. A estratégia da China se estende além dos pagamentos. O RMB digital é entrelaçado em projetos de infraestrutura como a Ferrovia China-Laos e a Ferrovia de Alta Velocidade Jacarta-Bandung, formando uma "Rota da Seda Digital" que combina fluxos de moeda com corredores comerciais. Ao implementar rapidamente o RMB digital nas economias da ASEAN e do Oriente Médio — cobrindo 38% do comércio global — a China efetivamente armou a tecnologia blockchain para desafiar o domínio do SWIFT e do dólar. Isso sinaliza uma mudança tectônica nas finanças globais com implicações profundas para o Ocidente e o dólar americano.

Para Pequim, uma liderança forte do Partido Comunista Chinês e o fortalecimento da resiliência econômica e tecnológica da China contra choques externos são mais necessários do que nunca — e a única maneira de garantir a ascensão da China a longo prazo. Mesmo que a China não consiga infligir tanta dor aos EUA quanto recebe, já que tem um grande superávit comercial e, deixando de lado as terras raras, ainda tem muito a perder com os controles de exportação, ela está se preparando para um longo período de tensões comerciais na esperança de sobreviver aos EUA. A principal prioridade é manter a contenção e a próxima é usar métodos assimétricos. É uma questão de quem pode resistir mais tempo.

No ocidente, faz décadas que economistas renomados e "especialistas" vem o colapso iminente da economia chinesa. Agora, é a economia dos EUA que está em apuros à vista de todo mundo. Trump e seus assessores podem pensar que impor tarifas neste momento é pressionar a China, enviando um sinal, mas isso sairá pela culatra e a China inevitavelmente responderá fortemente.

4

O arsenal das novas armas econômicas da China

Embora a guerra comercial entre EUA e China tenha atingido um nível de escalada sem precedentes em abril de 2025, ela já dura, na prática, desde o primeiro mandato de Trump. A tensão comercial entre Estados Unidos e a China já era clara no primeiro governo Trump (2017-2020), e não se dissipou com Joe Biden (2021-2024). Autoridades em Pequim estavam esperançosas de que as relações EUA-China pudessem ter um início mais cordial sob o novo comando de Trump, depois que ele convidou Xi Jinping para sua posse. Trump também disse que os dois líderes tiveram "um ótimo telefonema" poucos dias antes de sua chegada à Casa Branca. Houve relatos de que os dois líderes teriam uma nova conversa telefônica, mas não aconteceu.

Em poucos dias, um muro de tarifas foi erguido entre as duas maiores potências econômicas do mundo. EUA aplicam taxa extra de 10% sobre as importações vindas da China, que se somou à tarifa de 10% que já era cobrada do país, chegando a 20%. Em contrapartida, a China impõe taxas de 15% para carvão e Gás

Natural Liquefeito (GNL) dos EUA e 10% para petróleo bruto, equipamentos agrícolas e alguns automóveis. Chamada pelo republicano de "Dia da Libertação", o dia 2 de abril de 2025 marcou o início de um conjunto de tarifas para a comunidade internacional que, segundo Donald Trump, libertariam os Estados Unidos de abusos estrangeiros. Dentro do plano de "tarifas recíprocas", o governo americano aplicou uma taxa extra de 34% à China, elevando a alíquota sobre os produtos do país asiático a 54%. Em resposta, China anunciou tarifas de 34% sobre todos os produtos importados dos Estados Unidos. A Casa Branca confirmou mais 50% em taxas sobre as importações chinesas, deixando a tarifa sobre o país no patamar de 104%. Então a China decidiu impor tarifas de 84% sobre os produtos importados americanos. No mesmo dia, Trump afirmou aumento de 125% da tarifa sobre a importação de produtos da chineses. Depois a Casa Branca esclareceu que as taxas contra a China passaram a somar, na verdade, 145%. A China elevou as tarifas de importação de produtos que chegam dos Estados Unidos de 84% para 125%. Washington então divulgou um documento dizendo que a China enfrenta tarifas de 245% nas exportações.

Porém, diferentemente do que Trump esperava, a China se mostra mais resiliente e capaz de aguentar essa guerra comercial por muito mais tempo. A China exportou mais de US$ 400 bilhões para os Estados Unidos em 2024, muito mais do que as empresas americanas venderam para a China. É por isso que o governo Trump afirma ter toda a influência. "A bola está na quadra da China. A China precisa fazer um acordo conosco. Nós não precisamos fazer um acordo com eles. A China quer o que temos; todos os países querem o que temos: o consumidor americano. Ou, em outras palavras, eles precisam do nosso dinheiro", disse a secretária de imprensa da Casa Branca, Karoline Leavitt. O secretário de Defesa, Pete Hegseth, declarou que os EUA estão "preparados" para entrar em guerra com a China. A China, por sua vez, alertou os EUA de que está pronta para lutar "qualquer tipo" de guerra após reagir às crescentes tarifas comerciais do presidente Donald Trump. Os EUA parecem ter pensado que poderiam forçar a China a se sentar à mesa e exigir concessões em seus termos. Apenas algumas semanas após o início desta guerra comercial, isso está se mostrando mais complicado do que muitos imaginavam. Diferentemente da guerra comercial de 2018, quando a China rapidamente tentou negociar uma suspensão de tarifas, desta vez Pequim está adotando uma abordagem mais sofisticada. Existem múltiplas motivações da parte deles para não chegarem rapidamente a um acordo se esse acordo exigir concessões significativas.

A expectativa é que economia de US$ 20 trilhões da China deve ser capaz de absorver o impacto das tarifas dos EUA. A China é de longe o país com maiores reservas internacionais do mundo, com mais de US$ 3,2 trilhões. Ela está mais bem preparada do que a maioria dos países para lidar com as consequências das investidas comerciais de Trump. A resposta chinesa para a "guerra tarifária" de Trump está sendo cautelosa e cuidadosa, com ações cirúrgicas, pensando em seus efeitos de longo prazo. A reciprocidade de tarifas não é o único instrumento à disposição da China para lidar com o protecionismo de Trump. Ela está mobilizando a combinação de várias frentes de ação que pode penalizar os americanos e testar a força da política protecionista do atual comandante da Casa Branca.

Dois renomados especialistas em China publicaram um artigo de pesquisa no The Washington Quarterly descrevendo a estratégia emergente de Pequim. Evan Medeiros e Andrew Polk escreveram sobre o que chamaram de "munições econômicas guiadas com precisão" da China, que vão além dos controles minerais críticos e investigações antitruste de empresas estrangeiras. Enquanto no passado a China utilizava principalmente incentivos e sanções comerciais ou de investimento básicos, hoje a China está desenvolvendo, testando e implementando um conjunto inteiramente novo de ferramentas legais e regulatórias com o propósito explícito de impor custos direcionados a empresas e países que ela considera agirem contra seus interesses. Trata-se de munições econômicas guiadas com precisão, projetadas para infligir dor direcionada e, muitas vezes, substancial para fins políticos e geopolíticos.

A China desenvolveu essas ferramentas nos últimos anos para oferecer melhores opções de retaliação contra as restrições econômicas e tecnológicas de outros países, especialmente os Estados Unidos. Desde 2018, quando o primeiro governo Trump lançou uma guerra comercial contra a China, as autoridades chinesas concluíram que suas ferramentas coercitivas anteriores não eram adequadas. Pequim priorizou explicitamente o desenvolvimento de um conjunto de novos mecanismos legais — muitas vezes refletindo as regras de controle de exportação, sanções e restrições de investimento dos EUA — para responder de forma mais eficaz. A China desenvolveu esses instrumentos gradualmente e os testou esporadicamente antes de buscar aumentar seu uso.

Pequim pode estar tentando se posicionar para usar as ferramentas para atingir objetivos de segurança econômica nacional e não simplesmente para obter vantagem nas negociações EUA-China. O desenvolvimento e o refinamento de novas armas econômicas pela China têm origem na reação de Pequim a quatro eventos entre 2019 e 2022. Primeiro, a inclusão da Huawei por Washington na Lista de Entidades, uma lista de restrições comerciais publicada pelo Departamento de Comércio dos EUA, durante o primeiro governo Trump, em 2019, levou diretamente às ações iniciais da China. Segundo, as ações dos EUA e da UE relacionadas a Hong Kong e Xinjiang durante os governos Trump e Biden em 2020-21 levaram a China a desenvolver outro conjunto de ferramentas. Terceiro, a invasão russa da Ucrânia em fevereiro de 2022 e a resposta coordenada de sanções ocidentais levaram a China a ampliar o uso de muitas de suas novas ferramentas. Finalmente, os controles dos EUA sobre as exportações de semicondutores avançados e equipamentos de fabricação relacionados, em outubro de 2022, foram um divisor de águas, levando as autoridades chinesas a também tornarem os controles de exportação uma peça central de sua abordagem à coerção econômica.

A partir de 2018, durante o primeiro governo Trump, a China começou a desenvolver novas armas para a competição e a coerção econômica. Quando Biden assumiu o poder em 2021, a China aprimorou essas ferramentas e desenvolveu novas em resposta às ações de Biden relacionadas à competição tecnológica. E passam a ser mais usadas com as ações do segundo governo Trump.

Seguem abaixo as "munições econômicas guiadas com precisão" da China que Evan Medeiros e Andrew Polk identificam em seu artigo.

A Lista de Entidades Não Confiáveis (UEL)

A primeira e mais conhecida arma desenvolvida pela China foi a Lista de Entidades Não Confiáveis (UEL). Ela foi criada em maio de 2019, mais de um ano após o início da guerra comercial entre EUA e China e após a inclusão da Huawei na Lista de Entidades dos EUA no início daquele mês. Após mais de um ano e muita ação na guerra comercial EUA-China, a China divulgou detalhes adicionais sobre a UEL em setembro de 2020, quando o Ministério do Comério (MOFCOM) publicou suas Disposições sobre a Lista de Entidades Não Confiáveis da China. De acordo com as disposições, empresas estrangeiras podem ser incluídas na UEL por: (1) colocar em risco a soberania nacional, a segurança e os interesses de desenvolvimento da China; e (2) violar princípios de mercado ou tomar medidas discriminatórias contra entidades ou indivíduos chineses. Além disso, autoridades chinesas descreveram as consequências da listagem na UEL, dizendo que as empresas colocadas na lista: (1) serão restringidas ou proibidas de negociar e/ou investir na China; (2) enfrentarão proibições de entrada para pessoal-chave; (3) verão o cancelamento de autorizações de trabalho ou residência para pessoal-chave; e (4) enfrentarão multas e "outras medidas necessárias".

A operacionalização da UEL pela China foi lenta e cautelosa. Em fevereiro de 2023, quatro anos após a criação da lista, a China incluiu pela primeira vez a Lockheed Martin Corporation e a Raytheon Missiles & Defense na UEL. Ambas as empresas estavam envolvidas na venda de armas para Taiwan. As penalidades da inclusão na UEL foram a proibição de fazer negócios na China, incluindo multas e proibições de viagens de executivos. As multas foram fixadas em "o dobro do valor dos contratos de venda de armas de cada empresa para Taiwan desde a entrada em vigor da UEL". Um ano depois, em maio de 2024, a China adicionou mais três empresas de defesa americanas à UEL: Boeing Defense, Space & Security, General Atomics Aeronautical Systems e General Dynamics Land Systems. O mais notável é que essas listagens não foram motivadas por uma recente venda de armas, mas ocorreram imediatamente após a posse do novo presidente de Taiwan, Lai Ching-te, em quem Pequim desconfia profundamente.

Somente no outono de 2024 e início de 2025 as autoridades chinesas intensificaram ainda mais o uso do UEL, primeiro em frequência e depois em escopo. Em setembro de 2024, o MOFCOM anunciou uma investigação sob o mecanismo UEL contra o PVH Group, empresa controladora americana da Calvin Klein e da Tommy Hilfiger, por remover o algodão de Xinjiang de sua cadeia de suprimentos para cumprir a Lei de Proteção ao Trabalho Forçado Uigur (UFLPA). Esta investigação marcou a primeira vez que as autoridades chinesas usaram o UEL contra uma empresa estrangeira por ações diferentes do comércio de defesa com Taiwan.

Desde o início de 2025, o MOFCOM acelerou substancialmente o uso do UEL. Anunciou três lotes separados de listagens em 2 de janeiro, 14 de janeiro e 16 de janeiro. Cada lote incluía sete, dez e quatro empresas, respectivamente. Todas essas ações envolveram a listagem de empreiteiros de defesa dos EUA por venderem armas para Taiwan e foram tomadas após a liberação de várias restrições tecnológicas do governo Biden à China nos últimos dias do governo. No início de março, a China intensificou o uso da UEL, anunciando sua maior listagem de empresas americanas. Em retaliação à segunda rodada de tarifas de 10% de Trump, Pequim também incluiu mais dez empresas americanas na UEL, todas envolvidas no comércio de defesa com Taiwan, e a empresa Illumina que estava explicitamente proibida de exportar seu equipamento de sequenciamento genético para a China.

"Regras de Bloqueio"

Em janeiro de 2021, a China estabeleceu sua própria versão do "Estatuto de Bloqueio" da UE, projetado para proteger empresas chinesas nacionais da aplicação extraterritorial de leis de terceiros países. O estatuto da UE foi elaborado em resposta às sanções dos EUA a empresas que negociam com Cuba, Irã e Líbia, que a UE não seguiu. O esforço da China foi amplamente inspirado pelas regras da UE. Segundo essas regras, o Conselho de Estado pode instruir entidades chinesas a "não reconhecer, executar ou observar" sanções estrangeiras extraterritoriais e a processar por indenização em tribunais chineses por perdas incorridas com tais sanções. No entanto, até o momento, essa ferramenta carece de detalhes claros de implementação e Pequim ainda não agiu com ela contra parceiros comerciais estrangeiros.

Lei Anti Sanções Estrangeiras (AFSL)

A Lei de Livre Comércio (AFSL) tornou-se uma das principais armas econômicas de Pequim. Foi aprovada às pressas em junho de 2021, ignorando o processo legislativo normal da China, o que é bastante incomum. Ao contrário de outras leis na China, esta é concisa e fornece apenas princípios gerais — deixando espaço para o governo chinês expandir e refinar a lei com regras mais detalhadas no futuro.

Em um nível fundamental, a AFSL faz três coisas. Primeiro, fornece uma base jurídica fundamental sob medidas e estatutos anti-sanções previamente divulgados, particularmente o UEL e as Regras de Bloqueio. Segundo a AFSL preenche uma lacuna nas duas regras anti-sanções anteriores, dando ao governo ampla discricionariedade para incluir indivíduos e organizações em listas de sanções, juntamente com suas famílias e altos executivos. As sanções incluem restrições de visto, apreensões de bens e ativos e bloqueio de transações. Terceiro, fornece uma base jurídica para que empresas e entidades chinesas impactadas por sanções estrangeiras processem empresas e indivíduos estrangeiros pelo cumprimento dessas sanções.

Embora esta ferramenta não pareça ser a arma mais potente no arsenal econômico da China, isso pode mudar. O Artigo 15 da ASFL estabelece as bases para sua aplicação mais ampla, especificando que quando "países, organizações ou indivíduos estrangeiros conduzirem, auxiliarem ou apoiarem atos que coloquem em risco a soberania, a segurança ou os interesses de desenvolvimento da China, e medidas anti-sanções necessárias precisarem ser tomadas, as disposições pertinentes desta Lei serão aplicadas".

A Lei Tarifária

Embora a China tenha usado tarifas como arma econômica contra outros países há muito tempo — principalmente durante a guerra comercial entre EUA e China em 2018-2019 —, as autoridades também buscaram estabelecer a base legal para a implementação dessas medidas. Em abril de 2024, o legislativo nacional chinês aprovou a Lei de Tarifas, que entrou em vigor em 1º de dezembro e, tardiamente, estabeleceu a base legal formal para as autoridades chinesas imporem tarifas. Essa medida é importante porque, em teoria, o legislativo detém a autoridade legal exclusiva sobre a tributação. Na prática, porém, o Conselho de Estado historicamente regulamenta impostos em diversos domínios.

A construção de uma base legal sólida para implementar contratarifas ressalta o fato de que a China busca aprimorar sua capacidade de combater conflitos comerciais com o Ocidente de forma contínua. As tarifas continuam sendo uma parte ativa do kit de ferramentas retaliatórias da China. Em março de 2025, a China impôs uma tarifa de 15% sobre as importações de frango, trigo, milho e algodão dos EUA e uma tarifa de 10% sobre sorgo, soja, carne suína, carne bovina, frutos do mar, frutas, vegetais e laticínios. Três empresas comerciais agrícolas dos EUA tiveram suas licenças para vender soja para a China suspensas.

Análises de antitruste e fusões e aquisições (M&A)

Outra ferramenta importante é a capacidade de Pequim de aprovar ou bloquear acordos de fusão e aquisição (M&A) globalmente significativos, ostensivamente por motivos antitruste, mas frequentemente por objetivos políticos ligados às relações

EUA-China. O órgão regulador chinês responsável por aprovar tais acordos é a Administração Estatal de Regulação do Mercado (SAMR), criada em março de 2018. A SAMR alavancou seu poder sobre fusões globais logo após sua criação e o início da guerra comercial EUA-China. Em julho de 2018, quando a guerra comercial estava começando, a Qualcomm foi forçada a desistir de sua aquisição de US$ 44 bilhões da NXP Semiconductors depois que a recém-formada SAMR não aprovou o acordo. Nesse caso, a abordagem da SAMR não foi negar categoricamente a aprovação da aquisição. Em vez disso, as autoridades simplesmente deixaram o prazo para aprovação do acordo expirar, uma medida que quase certamente foi um esforço para construir influência na guerra tecnológica e comercial em evolução entre EUA e China.

Leis de Controle de Exportação e Listas de Controle

O sistema de controle de exportações da China não é novo, mas sua aplicação recente à concorrência econômica e tecnológica é. O regime de controle de exportações da China foi originalmente desenvolvido no início da década de 1990 para apoiar os compromissos de não proliferação de armas nucleares da China, e foi expandido e modernizado na década de 2000, à medida que esses compromissos cresciam. Este último processo incluiu o desenvolvimento de mecanismos para controlar as exportações de equipamentos, materiais e tecnologias de dupla utilização, amplamente relacionados a armas convencionais, nucleares, químicas e biológicas.

Desde 2020, o uso de controles de exportação pela China evoluiu rapidamente para facilitar a competição econômica e tecnológica com os Estados Unidos e países com ideias semelhantes. Essa evolução foi impulsionada pela transformação e consolidação completas dos mecanismos existentes. A peça central da arquitetura política contemporânea é a Lei de Controle de Exportações, adotada em outubro de 2020 e em vigor em dezembro daquele ano, que deu início ao processo de unificação do regime fragmentado de controle de exportações da China em uma estrutura abrangente. Notavelmente, a lei de 2020 reivindica jurisdição extraterritorial, como a dos EUA. Esta é uma inovação para o sistema de controle de exportações chinês.

Ao longo de 2023 até o início de 2025, as autoridades chinesas agiram rapidamente para usar seu regime de controle de exportação como parte de sua estratégia de competição econômica, e se tornou uma peça central do manual de retaliação da China. De julho de 2023 a agosto de 2024, a China usou sua Lei de Controle de Exportação para impor restrições à exportação de gálio, germânio, compostos de grafite essenciais e antimônio — minerais essenciais para os setores de semicondutores, baterias e outros setores estratégicos. Em dezembro de 2023, disparou um tiro de advertência contra os esforços emergentes dos EUA para substituir as cadeias de suprimentos de minerais chinesas, proibindo a exportação de equipamentos de processamento de elementos de terras raras usados para fazer ímãs permanentes em veículos elétricos, turbinas e inúmeras outras aplicações estratégicas. As restrições à exportação durante esse período foram em grande parte ad hoc, impostas como reações de curto prazo às ações dos EUA e aliados, como controles de tecnologia e tarifas. Em 2024, a China começou a consolidar ainda mais seus vários controles, permitindo um controle mais sistemático e agilizando atualizações futuras.

O próximo grande movimento ocorreu em outubro de 2024, quando Pequim emitiu o Regulamento de Controle de Exportação de Itens de Dupla Utilização, instituindo uma Lista de Controle unificada — análoga à Lista de Entidades dos Estados Unidos — a ser implementada pelo MOFCOM. A lista completa de itens de dupla utilização controlados foi divulgada menos de um mês depois, unificando formalmente os cerca de 700 controles de dupla utilização existentes na China. Em dezembro de 2024, Pequim usou seus novos regulamentos de controle de dupla utilização para proibir completamente — não apenas controlar — as exportações de gálio, germânio, antimônio e "materiais superduros" para os Estados Unidos, ao mesmo tempo em que restringia ainda mais as exportações de grafite. Notavelmente, o anúncio dessas proibições também se aplicava às exportações para os Estados Unidos de países terceiros, o que foi a primeira invocação da reivindicação da China à jurisdição extraterritorial sob a Lei de Controle de Exportação de 2020.

Logo depois, em janeiro de 2025, a China deu mais um passo. Pequim adicionou insumos essenciais para baterias de fosfato de ferro-lítio (LFP) à sua lista de tecnologias sujeitas a restrições à exportação. Essa medida pode ter sido tanto para garantir uma vantagem tecnológica importante quanto para retaliação. A ação mais recente e contundente da China na frente de controle de exportação ocorreu em fevereiro e março, em resposta às duas parcelas de tarifas de 10% do governo Trump sobre as exportações chinesas. Como parte de sua resposta, Pequim anunciou em fevereiro uma nova rodada de controles de exportação (não uma proibição) sobre cinco minerais usados nas indústrias de defesa, energia limpa e outras indústrias de tecnologia: tungstênio, índio, bismuto, telúrio e molibdênio. Licenças de exportação agora são necessárias para que as empresas chinesas exportem 25 produtos específicos diferentes relacionados a esses minerais. Em contraste com medidas anteriores, isso se aplica a todos os países, não apenas aos Estados Unidos, e entrou em vigor imediatamente, outra mudança em relação aos controles anteriores. Essas novas medidas ressaltam a centralidade do regime de controle de exportação para a abordagem da China à concorrência econômica. No início de março, a China tomou a medida notável de incluir quinze empresas de defesa dos EUA em sua lista de controle de exportação. Todas estão envolvidas no comércio de defesa com Taiwan (e já haviam sido sancionadas anteriormente por isso) e a maioria não faz negócios na China continental, com exceção de uma pequena parte do fornecimento de subcomponentes.

As "Regras de Engajamento" Económicas

O uso preciso dessas armas por Pequim — suas regras de engajamento — é uma parte importante da compreensão dessa nova capacidade chinesa. Essas ferramentas foram criadas para retaliação e têm sido usadas principalmente dessa forma, mas seu propósito também pode estar evoluindo, como evidenciado por seu uso no final de 2024 e início de 2025.

Arsenal Econômico da China

Para os autores, o uso de suas novas armas pela China está mudando de reativo para proativo. Da perspectiva da primavera de 2025, a China está preparada não apenas para retaliar com mais frequência com essas ferramentas, mas também para usá-las para afirmar seus interesses globais. Um exemplo é a China priorizando o desenvolvimento e a aplicação de controles de exportação, especialmente seu novo catálogo de dupla utilização. O tamanho e o escopo desses controles sugerem que Pequim pode estar se preparando para usá-los para objetivos políticos deliberados — como proteger tecnologias e cadeias de suprimentos essenciais e aplicar políticas internas em países terceiros — em vez de serem ferramentas de retaliação. A decisão da China, em dezembro de 2024, de proibir — e não apenas restringir — as exportações de dupla utilização para os

Estados Unidos foi uma mudança notável, assim como a aplicação deste último a países terceiros, o que foi uma novidade para a China. Os controles de fevereiro de 2025 sobre as exportações de tungstênio, telúrio, bismuto, molibdênio e índio se aplicam à exportação para todos os países, não apenas para os Estados Unidos.

Além disso, a China está utilizando cada vez mais controles de exportação e revisões governamentais (segurança cibernética e fusões e aquisições) como forma de penalizar materialmente as empresas americanas; o objetivo dessas ações é negar aos alvos o acesso às importações chinesas necessárias e vender para o mercado chinês de forma mais ampla. Espera-se um uso mais frequente e amplo dessas ferramentas.

Uma nova era na política econômica chinesa está chegando. A China desenvolveu, testou e implementou um novo conjunto de armas econômicas de segunda geração. Elas estão sendo usadas com mais frequência e para um conjunto mais amplo de objetivos políticos: econômicos, tecnológicos e geopolíticos. Pequim tornou-se mais confiante em usá-las para infligir dor precisa e generalizada. Como resultado, a competição econômica e tecnológica entre EUA e China está se tornando mais conflituosa e custosa, à medida que as ferramentas e técnicas se tornam mais sofisticadas. A maior tolerância de Xi a riscos e atritos nas relações EUA-China está em plena exibição, e o presidente Trump parece disposto não apenas a igualar, mas também a superá-la.

A sofisticação aprimorada com que a China está empregando seu novo conjunto de ferramentas ficou evidente nos primeiros dias de 2025, tanto nas últimas semanas do governo Biden quanto nas primeiras semanas do segundo governo Trump. A reação de Pequim às duas rodadas de tarifas de 10% de Trump demonstra como sua abordagem está evoluindo. A reação da China ressalta o quanto ela está mais bem preparada para travar uma guerra comercial e tecnológica hoje do que há seis anos. Embora o uso de suas armas por Pequim continue a ser incremental, há claramente uma mudança em direção a uma resposta mais assimétrica, em oposição à abordagem perfeitamente proporcional usada em 2018-2019. De fato, parte dessa assimetria envolve Pequim maximizando pontos problemáticos específicos — por meio da listagem da PVH e da Illumina na UEL, da renovada investigação antimonopólio sobre o Google e de controles direcionados às exportações de minerais altamente específicos — em vez de corresponder às ações dos EUA apenas por meio do canal tarifário. Tudo isso tornará as ações econômicas dos EUA e de outros países ocidentais contra a China muito mais difíceis de calibrar efetivamente.

Evan Medeiros e Andrew Polk concluem que as "munições econômicas guiadas com precisão" da China mudam a guerra comercial atual. A China já indicou que sua resposta à escalada de tarifas do segundo governo Trump assumirá uma forma diferente da sua abordagem durante o primeiro mandato de Trump. O uso dessas ferramentas mais precisas acarreta um risco maior para as empresas americanas, visto que cada uma das ferramentas descritas neste artigo foi projetada para infligir danos substanciais, porém direcionados, como, por exemplo, cortando repentinamente o acesso a insumos essenciais ou restringindo de alguma forma a atividade comercial com contrapartes chinesas. Em contraste, as tarifas são restrições amplas que afetam igualmente as empresas dentro de uma determinada jurisdição, tornando o sofrimento econômico sentido de forma ampla, porém uniforme. No entanto, a China determinou corretamente que, em sua maioria, as contratarifas são agora uma resposta impraticável às ações dos EUA. Uma questão nova e crítica para os formuladores de políticas dos EUA é se impactos desproporcionais sobre um pequeno número das maiores e mais importantes empresas americanas são um preço que vale a pena pagar. A resposta a essa pergunta determinará os limites — ou a falta deles — da capacidade dos EUA de obter influência nas negociações com a China, à medida que esta trava cada vez mais uma batalha econômica assimétrica.

Referências

Medeiros, ES, & Polk, A. (2025). As Novas Armas Econômicas da China. *The Washington Quarterly*, *48* (1), 99–123. https://doi.org/10.1080/0163660X.2025.2480513

5

Os EUA não estão preparados para uma guerra prolongada com a China

Em um relatório divulgado em 2024, a Comissão Bipartidária sobre a Estratégia de Defesa Nacional dos Estados Unidos afirmou que a China representa a ameaça mais séria à supremacia militar dos EUA desde a Guerra Fria, especialmente no Pacífico Ocidental. O documento destaca que a China conseguiu, em grande medida, anular a vantagem militar dos EUA na região após duas décadas de investimentos militares focados.

A chamada "primeira cadeia de ilhas", que abrange Japão, Taiwan e Filipinas, é vista como uma barreira estratégica crucial no contexto de contenção da China pelos EUA. Essa área é vista como fundamental para limitar a capacidade de projeção de poder de Pequim e proteger interesses norte-americanos no Pacífico. As bases militares norte-americanas no Pacífico, que incluem instalações em Okinawa e Guam, são cruciais para operações de contraintervenção na região. Guam hospeda importantes instalações como a Andersen Air Force Base e a Apra Harbor, que abriga submarinos nucleares.

No entanto, o relatório ressalta que essas bases estão perigosamente expostas a ataques chineses. A base aérea de Kadena, por exemplo, localizada na ilha japonesa de Okinawa está a apenas 600 quilômetros do estreito que separa a ilha de Pequim. A China agora possui a maior marinha do mundo, com mais de 370 navios de superfície e submarinos, a maioria concentrada no Pacífico Ocidental, em comparação com menos de 300 navios dos EUA distribuídos globalmente. Nos últimos anos, a China desenvolveu e testou mísseis balísticos capazes de atingir Guam, conhecidos como "Guam killers". O DF-26, com alcance de 4.000 quilômetros e capacidade de transportar ogivas nucleares ou convencionais, é uma peça central nessa estratégia. Além disso, a Coreia do Norte testou o míssil Hwasong-12, que também pode alcançar Guam. Além disso, a China está expandindo e modernizando rapidamente sua força aérea e arsenal nuclear. As capacidades cibernéticas e espaciais da China são classificadas como "iguais ou quase iguais" às dos EUA. Essas capacidades provavelmente seriam usadas para interromper infraestruturas críticas, dificultando a capacidade dos EUA de entrar em um conflito na região.

A China desenvolveu uma combinação de mísseis de longo alcance, radares avançados e sistemas de guerra eletrônica para criar um escudo defensivo que dificulta a entrada de forças inimigas em sua região. São mísseis balísticos antinavio (como o DF-21D e o DF-26), sistemas de defesa aérea avançados, submarinos silenciosos e tecnologia de interferência eletrônica para dissuadir e neutralizar a presença militar dos Estados Unidos na região. Em vez de competir diretamente com os Estados Unidos no número de porta-aviões e na capacidade de projeção de poder, a China está construindo uma força naval projetada para tornar os porta-aviões americanos menos eficazes dentro de sua esfera de influência.

Nos últimos anos, a China intensificou sua preparação para possíveis conflitos, promovendo uma verdadeira transformação em sua infraestrutura de defesa aérea. Um estudo do Hudson Institute, dos Estados Unidos, trouxe à tona informações que podem mudar a forma como o mundo encara o poder militar da China. O relatório, intitulado "Concrete Sky: Air Base Hardening in the Western Pacific", detalha como o Exército Popular de Libertação (EPL) transformou suas bases aéreas na região do Pacífico em uma fortaleza quase impenetrável. Desde o início da década de 2010, a China tem investido pesado em tornar suas instalações militares mais resilientes a possíveis ataques. A quantidade de abrigos reforçados para aeronaves cresceu significativamente, passando de 370 unidades para mais de 800. Esses abrigos são construídos com concreto reforçado e aço, com portas à prova de explosões. O objetivo é garantir que, em caso de ataque, a grande maioria dos aviões de combate chineses consiga se proteger. Com esses reforços estruturais, os abrigos são projetados para resistir até mesmo a impactos diretos, proporcionando à China uma vantagem significativa caso haja um conflito de grande escala. Além disso, não são apenas os abrigos mais resistentes que se destacam no relatório.

Os abrigos não reforçados, que oferecem proteção parcial contra estilhaços, também aumentaram significativamente, passando de 1.100 para mais de 2.300 unidades. Isso totaliza mais de 3.000 abrigos no total, permitindo que a China consiga proteger a maioria de sua frota aérea em caso de um conflito armado na região. De acordo com os analistas militares, a China está se preparando para um possível confronto com as potências ocidentais, especialmente os Estados Unidos. O relatório do Hudson Institute sugere que, se ocorrer uma guerra no Pacífico, a China estaria em uma posição muito vantajosa, com seus aeródromos fortemente protegidos e sua frota aérea bem posicionada para atuar em qualquer cenário de combate.

O aumento no número de abrigos e a melhoria das estruturas de defesa nas bases aéreas significam que a China pode enfrentar ataques aéreos com mais eficácia, diminuindo os danos a seus recursos militares. Essa estratégia de defesa torna muito mais difícil para qualquer adversário, incluindo os EUA, realizar ataques eficazes que possam comprometer a capacidade de combate da China na região. Em comparação, os Estados Unidos adicionaram apenas dois abrigos reforçados e 41 não reforçados na região do Pacífico nos últimos anos, excluindo as bases na Coreia do Sul. Isso deixa as forças norte-americanas em clara desvantagem estrutural, com sua capacidade operacional na região reduzida a apenas um terço da capacidade chinesa. Sem as bases na Coreia do Sul e nas Filipinas, essa proporção cai ainda mais, para 15%.

Outro ponto preocupante levantado pelo estudo é o aumento do arsenal de mísseis da China. Segundo o relatório, o número de mísseis balísticos de médio alcance (MRBMs) do país cresceu em 300 unidades em apenas um ano. Esses armamentos têm um alcance que varia de mil a três mil quilômetros, cobrindo toda a chamada "primeira cadeia de ilhas", que inclui Taiwan, Filipinas e Japão. Além disso, a Força de Foguetes do Exército de Libertação Popular, divisão militar chinesa responsável por operações de mísseis, vem conduzindo exercícios frequentes de ataques simulados contra campos de aviação, bunkers e navios, aprimorando sua prontidão para situações de conflito real.

O relatório detalha que as doutrinas militares chinesas recomendam ataques surpresa como método para conquistar superioridade aérea. Esses ataques, realizados com mísseis balísticos e de cruzeiro, poderiam paralisar a força aérea inimiga antes mesmo de os aviões decolarem, o que daria à China uma vantagem estratégica decisiva. O estudo alerta que Beijing tem investido intensamente no desenvolvimento das capacidades necessárias para executar ofensivas desse tipo. "As bases militares americanas desprotegidas são altamente vulneráveis a ataques precisos, mesmo que limitados em escala. Apenas 10 mísseis poderiam neutralizar aeronaves e estoques de combustível em locais críticos, como a base de Iwakuni, no Japão", diz o relatório.

Apesar da desvantagem, os Estados Unidos contam com grande estrutura para militarizar o Pacífico. O Japão mantém hoje o maior contingente militar americano fora dos EUA no mundo, com cerca de 40 mil soldados em 122 bases, quartéis e outras instalações militares, resultado da ocupação pós-Segunda Guerra. As tropas estão instaladas em maior número na base de Kadena, em Okinawa. Além dos soldados, os EUA têm no país dezenas de helicópteros, caças e aviões de vigilância. O país também abriga a Sétima Frota da Marinha, a maior dos EUA. Ela tem entre 50 e 70 navios e submarinos, 140 aeronaves e pelo menos 20 marinheiros entre o Pacífico e o Índico. A frota tem também pelo menos 12 submarinos nucleares e 14 destróieres e cruzadores armados com interceptadores de mísseis balísticos, lançadores de mísseis Tomahawk. A Coreia do Sul tem o terceiro maior contingente militar americano fora dos EUA com cerca de 20 mil soldados em 83 quartéis, bases e instalações militares. O país ainda mantém as United States Force Korea, cuja missão é «deter agressões e, se necessário, defender a Coreia do Sul e manter a estabilidade no Nordeste Asiático». Mais de 300 tanques estão posicionados na Coreia do Sul. Além disso, os EUA instalaram o escudo antimísseis Terminal High Altitude Area Defense (THAAD) para interceptar mísseis durante o voo. No Havaí fica a sede do Comando norte-americano no Pacífico, que controla toda a região do Pacifico asiático. O Havaí tem 37.497 soldados, mas o Comando Pacífico hoje é responsável por 375 mil militares e civis, 200 navios, 1.100 aeronaves e mais de 130 mil militares e civis. A Tailândia permite que aeronaves dos EUA usem suas pistas de pouso e Cingapura mantém um dos quartéis da Marinha dos EUA e alguns navios dos EUA.

Desde 2013, os EUA estão criando uma linha do Japão até Filipinas com estações militares, armazéns de armamento, veículos com mísseis balísticos, submarinos nucleares, alojamento para militares e centros de cibernética. As ilhas no sul do Japão – Amami, Okinawa, Miyako, Ishigaki e Yonaguni – passaram por reformas para atender maior presença dos EUA. Elas receberam cerca de 400 mísseis de cruzeiro Tomahawk, com seus modelos mais avançados capazes de atacar navios e alvos terrestres a mais de 1.850 km de distância.

Em 2024, os EUA anunciaram investimento de US$ 409 milhões na recuperação de uma importante base aérea da 2ª Guerra Mundial no Pacífico, situada na ilha de Tinian, do arquipélago de Marianas do Norte. Foi dessa base que partiram os aviões que lançaram as bombas atômicas nas cidades japonesas de Hiroshima e Nagasaki, em agosto de 1945. Nos anos seguintes, as instalações militares e as pistas de pouso foram sendo abandonadas e tomadas pelo mato. A ação norte-americana faz parte de uma estratégia para ampliar a presença militar no Indo-Pacífico, em resposta à crescente rivalidade com a China. A ilha de Tinian fica próxima de outra base norte-americana em Guam. A distribuição de militares entre Tinian e Guam visa a garantir uma cobertura mais ampla da região. A base em Tinian tem 4 pistas de pouso de 2,6 km cada. Ela será capaz de acomodar toda a frota tática da Marinha norte-americana, incluindo os caças F/A-18 e F-35, além de bombardeiros e aviões de transporte e reabastecimento.

Recentemente, os Estados Unidos assinaram um pacto de defesa com Papua Nova Guiné, um movimento estratégico para expandir sua influência na região do Pacífico e contrabalançar a crescente presença da China. Este acordo permite o acesso das forças americanas a portos e aeroportos em Papua Nova Guiné, oferecendo uma base adicional para as operações militares dos EUA no Pacífico e uma proteção adicional para Guam.

As Filipinas costumavam abrigar duas das maiores bases da Marinha e da Força Aérea dos EUA fora do território continental americano. As bases foram fechadas no início da década de 1990, após o Senado filipino rejeitar uma extensão, mas as forças americanas retornaram para exercícios de combate em larga escala com tropas filipinas, sob um acordo de 1999.

Em março de 2025, o secretário de Defesa dos EUA, Pete Hegseth, disse na sexta-feira que o governo Trump trabalharia com aliados para aumentar a dissuasão contra a China no Mar da China Meridional. Hegseth afirmou que o governo Trump destinaria mais assistência de segurança às Filipinas, além de um fundo de US$ 500 milhões para ajudar na modernização das Forças Armadas filipinas. O exército dos EUA implantou um lançador de mísseis antinavio pela primeira vez na Ilha de Batan, nas Filipinas, enquanto os fuzileiros navais descarregavam a arma de alta precisão na ponta norte do arquipélago, a apenas uma fronteira marítima de distância de Taiwan. Forças dos EUA e das Filipinas lançaram separadamente uma saraivada de mísseis e fogo de artilharia que abateu vários drones que atuavam como aeronaves hostis em exercícios de fogo real no domingo na província de Zambales, de frente para o disputado Mar da China Meridional.

O exercício militar anual "Balikatan" (ombro a ombro) entre EUA e Filipinas foi realizado no norte das Filipinas de 21 de abril a 9 de maio. Envolveu 14.000 soldados, cerca de 9.000 militares americanos e 5.000 filipinos. Pelo menos 260 militares australianos também se juntaram, além de delegações menores de observadores do Japão e de outros países. Os cenários simulados de batalha realizados não apenas simularam uma guerra real, como foram realizados perto de importantes pontos geopolíticos, que se tornaram linhas de frente delicadas na rivalidade regional entre a

China e os EUA. Ele ocorreu como de costume na Ilha de Luzon, no norte das Filipinas, e se expandiu para as Ilhas Batanes, muito mais próximas do Estreito de Taiwan. Localizada no extremo norte das Ilhas Batanes, a Ilha Yami fica a apenas 142 quilômetros da Ilha de Taiwan e a 99 quilômetros da ilha taiwanesa de Orchid, bem mais próxima do que os mais de 200 quilômetros da Ilha de Luzon. As forças americanas e filipinas também praticarão a defesa conjunta das ilhas filipinas, repelindo forças hostis que tentam atacar pelo mar na província filipina ocidental de Palawan, que fica de frente para o Mar da China Meridional, e na província de Cagayan, ao norte, perto de Batanes. Pela primeira vez, as Forças Armadas dos EUA implantaram o Sistema de Interdição de Navios Expedicionários da Marinha/Fuzileiros Navais (NMESIS) no exercício Balikatan, fornecendo defesa antimísseis aérea e marítima às Filipinas e aprimorando as capacidades de ataque e dissuasão marítimas EUA-Filipinas nas águas ao redor do Estreito de Taiwan. Como resposta, a Guarda Costeira Chinesa (CCG) desembarcou em um recife disputado no Mar do Sul da China — Tiexian Jiao (Ilha Sandy) — tendo efetivamente o apreendido.

Em 20 de abril, foi noticiado que a primeira ogiva não nuclear à base de hidrogênio foi detonada pela primeira vez em um teste de campo controlado na China, desencadeando com sucesso uma série de reações químicas em cadeia devastadoras. A bomba de 2 kg (4,4 libras) gerou uma bola de fogo com temperatura superior a 1.000 graus Celsius (1.832 graus Fahrenheit) por mais de dois segundos — 15 vezes mais tempo do que explosões equivalentes de TNT — sem usar nenhum material nuclear. Desenvolvido pelo Instituto de Pesquisa 705 da Corporação Estatal de Construção Naval da China, o dispositivo utilizou um material de armazenamento de hidrogênio em estado sólido à base de magnésio, conhecido como hidreto de magnésio, que armazena consideravelmente mais hidrogênio do que um tanque pressurizado. Esse composto foi ativado por explosivos convencionais e submetido a rápida decomposição térmica, liberando gás hidrogênio que se inflamou em um inferno contínuo. A China é o único país capaz de produzir hidreto de magnésio em grandes quantidades, com uma produção de mais de 150 toneladas por ano considerada possível. Este tipo de bomba seria ideal para tarefas como negação de área, tornando as áreas impactadas quentes demais para serem ocupadas por um tempo, além de paralisar serviços essenciais ao atingir usinas de energia ou centros de comunicação, ou atingir um conjunto específico de equipamentos ou pessoal sem destruir uma região inteira. A arma poderia ser usada para incendiar estruturas defensivas ou destruir objetos, como enxames de drones. Também poderia ter aplicações potenciais como fonte de combustível para submarinos ou navios. E como ela não usa materiais nucleares nem envolve nenhuma reação nuclear, não está sujeita às restrições definidas nos tratados nucleares internacionais.

Porque os EUA não estão preparados para uma guerra em grande escala e de longo prazo

Desde 2018, o Departamento de Defesa dos EUA tem se concentrado principalmente em uma possível guerra futura com a China. Algumas análises sugerem que tal guerra terminaria relativamente rápido (embora a um alto custo), enquanto outras são muito mais pessimistas e acreditam que ela poderia durar vários anos ou mais. Uma gama tão ampla de incertezas por si só tornaria prudente para os militares dos EUA planejarem a possibilidade de uma guerra prolongada. Mas, como a China, a Rússia, a Coreia do Norte e até mesmo o Irã, que cooperam cada vez mais, uma futura guerra contra um deles poderia rapidamente evoluir para uma guerra contra alguns ou todos eles. De fato, o recente relatório da Comissão sobre a Estratégia de Defesa Nacional alertou claramente que há uma «alta probabilidade de que a próxima guerra seja travada em vários teatros, envolva vários adversários e provavelmente não seja concluída rapidamente».

Os planejadores de defesa dos EUA, sem surpresa, sentem-se mais confortáveis com a dinâmica de guerras curtas e intensas, tendo passado a última década focados em dissuadir ou derrotar fatos consumados do adversário, campanhas de agressão curtas e frequentemente oportunistas. Velocidade, sofisticação política e superação militar imediata pareciam ser os ingredientes-chave para a vitória. Guerras de atrito prolongadas, particularmente aquelas envolvendo os Estados Unidos, eram consideradas impossíveis. A subsequente invasão da Ucrânia pela Rússia em 2022 inverteu essa visão, demonstrando as consequências militares e políticas de tentar e não obter um fato consumado semelhante em maior escala.

O Tenente-General David W. Barno, do Exército dos EUA (aposentado) e a Dra. Nora Bensahel, professores na Escola de Estudos Internacionais Avançados da Universidade Johns Hopkins, apontam que a força de mobilização dos EUA hoje, composta apenas por voluntários, quase certamente permaneceria pequena demais para uma guerra prolongada, mesmo após a ativação das reservas. A doutrina do Exército dos EUA pressupõe que uma grande guerra em um teatro de operações causaria 24.000 baixas por mês. Em uma guerra com a China por Taiwan, uma série recente de jogos de guerra não classificados descobriu que milhares de militares americanos e aliados seriam perdidos nas primeiras semanas de um conflito. Perdas acentuadas de aeronaves significam que muitos pilotos substitutos seriam necessários rapidamente. Em terra, a crescente vulnerabilidade das forças terrestres desdobradas exigiria que o Exército e o Corpo de Fuzileiros Navais fornecessem um grande número de substitutos individuais e regenerassem unidades ineficazes em combate. E quanto mais a guerra durasse, mais baixas precisariam ser substituídas. Baixas pesadas, são algo que os militares dos EUA não enfrentam há décadas. Em uma guerra global prolongada contra múltiplos adversários, o fato de as Forças Armadas dos EUA terem sido dimensionadas para lutar uma única guerra significa que elas podem precisar expandir seu efetivo em centenas de milhares, senão milhões, de pessoas. Isso seria especialmente verdadeiro para as forças que lutam em terra — o Exército, o Corpo de Fuzileiros Navais e a maioria das forças de operações especiais — porque a terra provavelmente seria o domínio principal em um ou mais teatros de conflito, como Europa, Coreia ou Oriente Médio. E se a China fosse um dos adversários, o Exército ainda teria que fornecer apoio para a força conjunta no Pacífico enquanto luta em terra contra adversários como Rússia, Irã ou Coreia do Norte. Seria profundamente subdimensionado para lutar contra dois grandes adversários terrestres simultaneamente.

Além disso, ao contrário de qualquer um de seus potenciais adversários, os Estados Unidos terão que percorrer longas distâncias para chegar à próxima guerra. Simplesmente chegar à luta será difícil, pois adversários inteligentes e capazes tentarão atrapalhar os esforços de projeção de poder dos EUA o máximo possível. Mas, em uma guerra prolongada, continuar a sustentar as forças americanas por longos períodos pode ser um desafio tão grande quanto vencer batalhas na linha de frente. As ameaças ao oleoduto logístico dos EUA, que começaria nos Estados Unidos e se estenderia por milhares de quilômetros até a zona de combate, estão se multiplicando e se tornando mais complexas. Essas ameaças começam em casa, onde a maioria dos suprimentos e equipamentos militares inicia sua longa jornada. Esses suprimentos frequentemente viajam em ferrovias comerciais e redes de tráfego civil , o que seria altamente vulnerável à espionagem cibernética e aos ataques adversários. As forças armadas também dependeriam de grandes empresas comerciais para enviar grande parte de seus equipamentos pesados e suprimentos para o exterior, mas essas empresas não têm a capacidade de ocultar, muito menos proteger, suas cargas da ação inimiga enquanto estão no porto ou ao longo do caminho. E as forças armadas hoje têm pouquíssimos navios de guerra e aviões para poderem lutar efetivamente e, simultaneamente, escoltar navios de carga comerciais desprotegidos e aviões de transporte por milhares de quilômetros de mar e espaço aéreo até seus destinos.

Para piorar a situação, existem limites da base industrial de defesa dos EUA que atualmente não tem capacidade para suportar operações de combate em larga escala por um período prolongado. Isso inclui a substituição de munições usadas, a reconstituição de plataformas militares perdidas e a ampliação da produção de novas capacidades. Grandes guerras devoram enormes quantidades de munição, sistemas de armas e outros materiais. Os gastos com artilharia dos militares dos EUA e seus aliados em qualquer grande guerra podem rapidamente ofuscar essa quantidade. E isso é apenas uma única munição. Qualquer conflito de grande porte consumiria enormes quantidades de projéteis de artilharia e tanques, bombas inteligentes e mísseis de defesa aérea — e também causaria perdas consideráveis de tanques, navios e aviões de guerra. Essas perdas, totalmente previsíveis em uma guerra prolongada dos EUA, gerariam enormes demandas sobre a base industrial de defesa, que ela simplesmente não seria capaz de absorver. Quanto mais tempo levar para revitalizar a base industrial de defesa, menor será a probabilidade de os Estados Unidos terem o material necessário para travar uma guerra prolongada.

John Mauk, coronel aposentado do Exército e ex-professor da Escola de Guerra do Exército dos EUA, aponta que uma guerra mundial prejudicaria severamente as duas maiores economias do mundo, sem mencionar todas as outras. Politicamente, um Partido Comunista Chinês focado em manter seu poder doméstico, bem como em ascender ao status de grande potência, pode racionalizar que precisa agir com força para atingir seus objetivos. Qualquer guerra de atrito de alta intensidade resultante sobre Taiwan, a menos que haja uma troca nuclear, sem dúvida favorecerá a China. Por quê? A estratégia militar dos EUA para combater a China não pode ser sustentada. Jogos de guerra indicam que os Estados Unidos perderão poder de combate significativo rapidamente. As forças militares dos EUA são muito pequenas, suas linhas de suprimento são muito vulneráveis e a capacidade industrial de defesa dos EUA está muito erodida para atender às demandas materiais de um conflito de alta intensidade. Outro fator crítico que prejudica a capacidade dos EUA de sustentar uma guerra é a falta de resiliência dos americanos para lutar um conflito brutal e sustentado. Uma guerra com a China exigiria que um número muito maior de americanos servisse nas Forças Armadas ou as apoiasse diretamente de alguma forma — algo que eles estão cada vez menos dispostos a fazer. Os atuais desafios de recrutamento enfatizam esse crescente problema de segurança nacional.

Em sua visão, a China é hoje o que os Estados Unidos costumavam ser, em termos de poder econômico e capacidade industrial. Ao contrário da União Soviética, os Estados Unidos e a maioria das nações ocidentais dependem economicamente da China. A China construiu a capacidade de sustentar uma guerra prolongada de qualquer tipo. Mais diretamente, a China está bem posicionada para sustentar uma guerra de atrito prolongada e de alta intensidade. Os Estados Unidos não são atualmente capazes de fazê-lo. Esses pontos fortes, somados ao enorme tamanho do poderio militar chinês, são bastante convincentes, mas a China também possui outras vantagens importantes. Por exemplo, a pesquisa e o desenvolvimento chineses rapidamente se tornaram os melhores do mundo. De fato, a pesquisa chinesa agora é de maior qualidade e mais citada do que a pesquisa americana. As principais vantagens tecnológicas dos EUA estão diminuindo rapidamente e os Estados Unidos podem em breve ficar atrás da

China em computação avançada e outras tecnologias emergentes importantes.

Mauk acredita que, de fato, os Estados Unidos não têm capacidade para atender às demandas de substituição de qualquer força militar capaz de derrotar a China, no prazo reduzido que deveriam ter para fazê-lo. Por exemplo, os Estados Unidos costumavam ser os líderes mundiais em exportação de aço. Hoje, são o maior importador de aço do mundo, dependentes de terceiros para um dos componentes fundamentais do equipamento militar. Enquanto isso, a produção chinesa é quase o dobro da produção americana. A China também tem buscado controlar grande parte do mercado de minerais de terras raras, de vital importância para a capacidade dos EUA de construir e sustentar sistemas militares, tecnologia da informação e todos os tipos de outros produtos essenciais. Esses fatos são indicadores de que os americanos podem simplesmente ter que se acostumar à cidadania dentro de uma potência em declínio, como muitos agora caracterizam os Estados Unidos.

Referências

John Mauk, "Facts are Stubborn Things: The Dangers of a Protracted War with China", US Army War College, 27 de abril de 2023, https://warroom.armywarcollege.edu/articles/stubborn-things/

David Barno e Nora Bensahel, "A América não está preparada para uma guerra prolongada", War on the Rocks, 4 de dezembro de 2024, https://warontherocks.com/2024/12/america-is-not-prepared-for-a-protracted-war/

6

China se prepara para o declínio dos EUA

John Mearsheimer alega que o crescimento econômico chinês levará, inevitavelmente, a uma busca por maior relevância deste país no âmbito militar, o que desencadeará uma reação vigorosa por parte dos EUA a fim de resguardar sua influência no globo. Logo, para Mearsheimer, a ascensão chinesa não poderá ocorrer de maneira pacífica. Ele alega que, inevitavelmente, o Estado chinês tentará converter este poder latente em poder militar, tornando-se assim o principal rival dos EUA em seu projeto de exercer hegemonia no globo. Assim, a China possui os elementos que a caracterizam como um estado desafiador do status quo. Com isso, os EUA serão impelidos a barrar o avanço chinês no continente asiático, minando a possibilidade da China tornar-se uma hegemonia regional. Como a sobrevivência das grandes potências só pode ser garantida pelo exercício de uma hegemonia regional, em primeira instância, seguida de uma hegemonia global, a ascensão chinesa enquanto potência regional vincularia esta questão à própria sobrevivência dos EUA enquanto Estado, o que os impeliria a agir de modo a barrar a consolidação desta hegemonia. A maioria das pessoas nunca pergunta por que os EUA se infiltram pelo planeta, interferindo nas políticas de países em todos os lugares. A resposta é que sua superioridade no Hemisfério Ocidental é tão clara e segura que ele tem liberdade para interferir nas políticas de outros países ao redor do globo. Isso é algo que a China não quer. O que a China quer é que os EUA concentrem bastante atenção na América do Sul e Central para que não possam fazer o mesmo com a política chinesa. Para Mearsheimer, nem a tradicional visão confucionista baseada no pacifismo e diálogo, nem as motivações comerciais dos agentes econômicos poderiam ser capazes de arrefecer a possibilidade de um conflito futuro entre uma China emergente e os EUA comprometidos com a manutenção do status quo internacional.

Por mais de um século, nenhum adversário ou coalizão de adversários dos EUA atingiu 60% do PIB dos EUA. Nem a Alemanha durante a Primeira Guerra Mundial, o poder combinado do Japão Imperial e da Alemanha Nazista durante a Segunda Guerra Mundial, nem a União Soviética no auge de seu poder econômico jamais ultrapassaram esse limiar. E, no entanto, este é um marco que a própria China atingiu discretamente já em 2014. Quando se ajusta o preço relativo dos produtos, a economia da China já é 25% maior do que a economia dos EUA. Fica claro, então, que a China é o concorrente mais significativo que os Estados Unidos já enfrentaram e que a maneira como Washington lida com sua ascensão ao status de superpotência moldará o curso do século.

Giovanni Arrighi apontava que a China está emergindo, mas isso não significa que a China esteja para se tornar hegemônica, ou que a próxima situação vá implicar a hegemonia de um país em particular. Isso pode resultar em caos, mas ao mesmo tempo pode criar uma situação de maior equilíbrio de status e poder entre os países. Seria uma transformação fundamental das relações internacionais como as conhecemos nos últimos 500 anos. Mas é uma potencialidade, não significa que vamos vê-la se materializar.

Mesmo que a China não deseje exercer uma nova hegemonia, ela deverá cada vez mais fornecer soluções de nível sistêmico aos problemas deixados pela hegemonia dos EUA. E somente com a colaboração generalizada do Sul se poderá realizar tal mudança sistêmica.

A China vem se esforçando para evitar antagonizar diretamente os Estados Unidos tão cedo, como a União Soviética fez na Guerra Fria. Em vez disso, a China busca influenciar a política externa americana de forma a garantir que Washington se comporte como a Grã-Bretanha no início do século XX. O que aconteceu com a Grã-Bretanha no século XX? Ela declinou e deu lugar aos EUA. Xi Jinping e os generais do ELP lembram-se bem da advertência do antigo filósofo chinês Confúcio: "Não pode haver dois sóis no céu, nem dois imperadores na Terra".

Em 23 de junho de 2016, o Reino Unido votou pela saída da União Europeia. Então, pouco mais de três meses depois, uma onda catapultou Trump para o cargo de presidente dos Estados Unidos. Da perspectiva da China — que é altamente sensível a mudanças em suas percepções do poder e da ameaça americanos — esses dois eventos foram chocantes. Pequim acreditava que as democracias mais poderosas do mundo estavam se retirando da ordem internacional que ajudaram a erguer no exterior e estavam lutando para se governar em casa. A resposta subsequente do Ocidente à pandemia do coronavírus em 2020, e depois a invasão do Capitólio dos EUA por extremistas em 2021, reforçaram a sensação de que "o tempo e o momento estão do nosso lado", como Xi Jinping disse logo após esses eventos. Desde então, a liderança da China vem falando que um "período de oportunidade histórica" havia surgido.

O cerne da competição entre EUA e China desde a Guerra Fria tem sido de ordem regional e, agora, global. Com isso, é preciso se concentrar nas estratégias que potências emergentes como a China usam para deslocar um hegemon estabelecido como os

Estados Unidos, a menos que haja uma guerra. A posição de um hegemon na ordem regional e global emerge de três amplas "formas de controle" que são usadas para regular o comportamento de outros Estados: capacidade coercitiva (para forçar a conformidade), induções consensuais (para incentivá-lo) e legitimidade (para comandá-lo legitimamente). Para Estados em ascensão, o ato de deslocar pacificamente o hegemon consiste em duas estratégias amplas geralmente perseguidas em sequência. A primeira estratégia é enfraquecer o exercício dessas formas de controle pelo hegemon, particularmente aquelas estendidas ao Estado em ascensão; afinal, nenhum Estado em ascensão pode deslocar o hegemon se permanecer à mercê do hegemon. A segunda é construir formas de controle sobre os outros. De fato, nenhum Estado em ascensão pode se tornar um hegemon se não puder assegurar a deferência de outros Estados por meio de ameaças coercitivas, induções consensuais ou legitimidade legítima. A menos que uma potência em ascensão tenha primeiro enfraquecido o hegemon, os esforços para construir a ordem provavelmente serão fúteis e facilmente contestados. E até que uma potência em ascensão tenha conduzido com sucesso um bom grau de enfraquecimento e construção em sua região de origem, ela permanece vulnerável demais à influência do hegemon para recorrer com confiança a uma terceira estratégia, a expansão global, que busca tanto enfraquecimento quanto construção em nível global para deslocar o hegemon da liderança internacional. Juntas, essas estratégias nos níveis regional e, em seguida, global, fornecem um meio de ascensão para a China reverter a aberração histórica da esmagadora influência global do Ocidente.

As mudanças de uma estratégia para a próxima foram desencadeadas por descontinuidades acentuadas na variável mais importante que molda a grande estratégia chinesa: sua percepção do poder e da ameaça dos EUA. A primeira estratégia de deslocamento da China (1989-2008) foi enfraquecer silenciosamente o poder americano sobre a China, particularmente na Ásia, e surgiu depois dos eventos na Praça da Paz Celestial, a Guerra do Golfo e o colapso soviético, aumentando drasticamente sua percepção da ameaça dos EUA. A segunda estratégia de deslocamento da China (2008-2016) buscou construir a base para a hegemonia regional na Ásia, e foi lançada depois que a Crise Financeira Global levou Pequim a ver o poder dos EUA como diminuído e a encorajou a adotar uma abordagem mais confiante. Agora, com a invocação de "grandes mudanças nunca vistas em um século" após o Brexit, a eleição do presidente Trump e a pandemia do coronavírus, a China está lançando uma terceira estratégia de deslocamento, que expande seus esforços de enfraquecimento e fortalecimento em todo o mundo para desbancar os Estados Unidos como líder global.

Diversos livros, especialmente escritos por militares, versam sobre a estratégia da China para formular uma grande estratégia assimétrica, contestar as ambições regionais e globais da China sem competir dólar por dólar, navio por navio ou empréstimo por empréstimo. Em nível global, a ordem chinesa envolveria aproveitar as oportunidades das "grandes mudanças invisíveis em um século" e desbancar os Estados Unidos como o principal Estado do mundo. Isso exigiria administrar com sucesso o principal risco decorrente das "grandes mudanças" — a relutância de Washington em aceitar graciosamente o declínio —, enfraquecendo as formas de controle que sustentam a ordem global americana e, ao mesmo tempo, fortalecendo aquelas que sustentam uma alternativa chinesa. Essa ordem abrangeria uma "zona de influência superordenada" na Ásia, bem como uma "hegemonia parcial" em faixas do mundo em desenvolvimento que poderiam se expandir gradualmente para abranger os centros industrializados do mundo — uma visão que alguns escritores populares chineses descrevem usando a orientação revolucionária de Mao para "cercar as cidades a partir do campo". E essa ordem chinesa está ancorada na

Iniciativa do Cinturão e Rota da China e na sua Comunidade do Destino Comum, com a primeira em particular a criar redes de capacidade coerciva, indução consensual e legitimidade.

Sob Mao, a China se ergueu; sob Deng, a China enriqueceu; e sob Xi, a China se torna poderosa. Xi disse que a China deve se preparar para «os piores cenários extremos» e estar pronta para suportar «ventos fortes, águas agitadas e até tempestades perigosas». Politicamente, Pequim projeta liderança sobre a governança global e as instituições internacionais, dividiria alianças ocidentais e promoveria normas não liberais. Economicamente, enfraquece as vantagens financeiras que sustentam a hegemonia dos EUA e tomaria os altos escalões da «quarta revolução industrial», da inteligência artificial à computação quântica, com os Estados Unidos decaindo para uma «versão desindustrializada e anglófona de uma república latino-americana, especializada em commodities, imóveis, turismo e talvez evasão fiscal transnacional». Militarmente, o Exército de Libertação Popular (ELP) colocaria em campo uma força de classe mundial que poderia defender os interesses da China na maioria das regiões e até mesmo em novos domínios como o espaço, os polos e o mar profundo. As ambições da China passam pela retirada das forças americanas do Japão e da Coreia, o fim das alianças regionais americanas, a remoção efetiva da Marinha dos EUA do Pacífico Ocidental, a deferência aos vizinhos regionais da China, a unificação com Taiwan e a resolução de disputas territoriais nos Mares da China Oriental e Meridional. Porém, a "luta pela supremacia", antes confinada à Ásia, agora gira em torno da ordem global e de seu futuro. Se há dois caminhos para a hegemonia — um regional e um global —, a China agora busca ambos.

Este vislumbre de uma possível ordem chinesa pode ser impressionante, mas não deveria ser surpreendente. Há mais de uma década, Lee Kuan Yew — o político visionário que construiu a Cingapura moderna e conheceu pessoalmente os principais líderes da China, influenciando decisivamente Deng Xiaoping no início das reformas de mercado na década de 1970 — foi questionado por um entrevistador: "Os líderes chineses estão falando sério sobre desbancar os Estados Unidos como a potência número um na Ásia e no mundo? Claro. Por que não? Eles transformaram uma sociedade pobre por meio de um milagre econômico para se tornar agora a segunda maior economia do mundo — a caminho de se tornar a maior economia do mundo. A China ostenta uma cultura de 4.000 anos com 1,3 bilhão de pessoas, com um grupo enorme e muito talentoso para escolher. Como poderiam não aspirar a ser o número um na Ásia e, com o tempo, no mundo? A China estava crescendo a taxas inimagináveis há 50 anos, uma transformação dramática que ninguém previu", observou ele, e "todo chinês quer uma China forte e rica, uma nação tão próspera, avançada e tecnologicamente competente quanto os Estados Unidos, a Europa e o Japão". Ele concluiu sua resposta com uma percepção fundamental: "Esse senso de destino redespertado é uma força avassaladora. A China quer ser China e ser aceita como tal, não como um membro honorário do Ocidente. A China pode querer compartilhar este século com os Estados Unidos, talvez como co-iguais, mas certamente não como subordinados".

A grande estratégia chinesa não é "grande" simplesmente a magnitude dos objetivos estratégicos, mas também pelo fato de que "meios" díspares são coordenados para alcançá-la. Esse tipo de coordenação é raro e, consequentemente, a maioria das grandes potências não possui uma grande estratégia. Quando os Estados têm grandes estratégias, no entanto, eles podem remodelar a história mundial. Durante a Guerra Fria, Washington perseguiu uma grande estratégia que às vezes usava o poder militar para deter a URSS, ajuda econômica para restringir a influência comunista e instituições políticas para unir os Estados liberais — limitando a influência soviética sem uma guerra entre EUA e União Soviética. Como a China integra, de forma semelhante, seus instrumentos de política na busca de objetivos regionais e globais abrangentes continua sendo uma área que tem recebido abundante especulação, mas pouco estudo rigoroso, apesar de suas enormes consequências. A coordenação e o planejamento de longo prazo envolvidos na grande estratégia permitem que um Estado supere seu peso; como a China já é um peso pesado, se ela tiver um esquema coerente que coordene sua economia com sua marinha de alto mar e sua crescente influência política ao redor do mundo, o curso do século XXI pode se desenrolar de maneiras prejudiciais aos Estados Unidos.

7

Nova geopolítica do Yuan digital: a próxima revolução monetária?

É grande a influência norte-americana do dólar: 11 nações soberanas têm o dólar como dinheiro oficial; cerca de 90% das trocas cambiais realizadas no globo são feitas em dólar; 60% dos dólares americanos impressos são usados fora dos Estados Unidos; 59% das reservas mundiais estão em dólar americano. Porém, também é verdade que o sistema Petrodólar, que sustentou o comércio internacional de petróleo e o poder financeiro dos EUA por meio século, enfrenta desafios sem precedentes.

Nascido de acordos da década de 1970 entre os Estados Unidos e a Arábia Saudita, se assenta em três pilares: petróleo precificado em dólares, transações liquidadas em dólares e receitas do petróleo recicladas em ativos denominados em dólares. Este arranjo tem servido aos interesses norte-americanos, permitindo déficits persistentes a custos administráveis, ao mesmo tempo que proporciona aos Estados do Golfo mercados estáveis e garantias de segurança dos EUA. Agora, três forças poderosas estão convergindo uma mudança profunda: o impulso estratégico da China para reduzir sua vulnerabilidade ao dólar como o maior importador de petróleo do mundo, a necessidade urgente dos países do Golfo por transformação econômica por meio de investimentos massivos em tecnologia e infraestrutura, e inovações revolucionárias em tecnologias de pagamento digital iniciadas pela China que tornam as alternativas aos pagamentos globais baseados no dólar não apenas possíveis, mas potencialmente mais eficientes do que os sistemas tradicionais.

Mesmo que o sistema SWIFT seja a espinha dorsal das transferências monetárias globais, usuários e até mesmo banqueiros reclamam de sua lentidão, com pagamentos levando de um a cinco dias, além de ser caro. O Banco Mundial constatou que o custo médio para enviar US$ 200 de um país para outro girava em torno de US$ 12,50, ou 6,25%. O SWIFT também é responsável por manter proibições a países ou entidades que constam em listas de sanções. A proibição parcial da Rússia de usar a SWIFT em 2022, como parte do pacote de sanções dos EUA, ou a proibição total do Irã e de Cuba são exemplos. Estima-se que mais de um em cada quatro países está sujeito a sanções da ONU ou de governos ocidentais e 29% do PIB global seja produzido em países sancionados.

O "Dia da Libertação" transformou-se no "Dia da Aplicação de Tarifas", com a assinatura de um Decreto Executivo pelo Presidente Trump, que introduziu tarifas recíprocas sobre os seus parceiros comerciais. Essas tarifas não são aplicadas na forma pura, correspondendo ao diferencial tarifário exato imposto por outros países sobre bens importados. Em vez disso, incluem barreiras "não monetárias", como taxas de câmbio, normas técnicas e IVA, conforme descrito no relatório sobre barreiras ao comércio exterior do USTR. Essas "tarifas recíprocas com desconto", como descreveu o Presidente Trump, cobrem cerca de metade do que é cobrado dos EUA. Porém, mais importante que as tarifas, são as sanções. Elas são frequentemente vistas como uma ferramenta de coerção econômica e diplomática, da mesma forma que Trump utilizou tarifas. Mas as sanções visam interromper importações ou exportações para um país, em vez de tributar importações como tarifas. Sua eficácia é mais difícil de avaliar. Uma vez em vigor, são muito difíceis de desfazer.

Na última década, as sanções dos EUA se tornaram a alternativa punitiva preferida ao conflito ou à intervenção militar, acumulando-se em um ritmo alucinante. Durante o seu primeiro mandato, o Presidente Trump impôs mais de 5.000 sanções, sobre empresas, indivíduos e países. Isso incluiu a reimposição de sanções ao Irã quando os EUA se retiraram do acordo nuclear; amplas sanções econômicas de "pressão máxima" à Venezuela em 2019; e sanções a empresas e setores econômicos na China. Sob Biden, as sanções americanas continuaram a aumentar. De acordo com o Washington Post, o governo Biden adicionou mais de 7.000 sanções ao total dos EUA, mantendo as sanções à China da era Trump. Uma exceção foi o afrouxamento das sanções à Venezuela por Biden para incentivar as negociações para as eleições presidenciais de 2024. Por enquanto, a estratégia de longo prazo de Trump para o uso de sanções permanece obscura. No entanto, ela pode influenciar mais a política, a economia e as alianças internacionais do que o uso de tarifas.

As ações de Trump aumentam a desordem monetária mundial, resultando na deterioração constante da capacidade do dólar de servir como meio de pagamento mundial, moeda de reserva e unidade contábil. Atualmente, 77% de todo o comércio de moeda estrangeira com a China, realizado via SWIFT, exige uma operação cambial em duas etapas, com o dólar sendo usado como intermediário, o que adiciona despesas à transação. Uma empresa brasileira que importa geladeiras da China precisa primeiro converter reais para dólares americanos, que são então convertidos para renminbi chinês na segunda etapa. Como resultado, as geladeiras brasileiras custam mais. Para a China, reduzir a dependência do dólar representa tanto um imperativo econômico quanto uma salvaguarda estratégica contra potenciais sanções. Para os Estados do Golfo, em particular a Arábia Saudita, o que está em jogo é equilibrar sua relação vital de segurança com os Estados Unidos com a necessidade premente de diversificar suas economias e aprofundar os laços com seu maior cliente de petróleo. Para os Estados Unidos, preservar elementos-chave do petrodólar continua sendo crucial para manter seu poder financeiro e o papel global do dólar, embora nem todos os aspectos do sistema atual sejam igualmente vitais para os interesses americanos.

A estratégia da China concentra-se na criação de alternativas viáveis para funções específicas, em vez de tentar substituir totalmente o papel internacional do dólar. Ela alcançou rapidamente um grau relativamente alto de inclusão financeira (acesso de indivíduos a produtos e serviços financeiros) como resultado do desenvolvimento de diversas plataformas financeiras de larga escala que utilizam tecnologia financeira (fintech) para reduzir o custo da prestação de serviços financeiros. As mais notáveis são as duas empresas, Ant Group e Tencent, que começaram com pagamentos digitais, mas se ramificaram para outros serviços bancários, como produtos de investimento e empréstimos. Ao mesmo tempo, o Banco Popular da China (BPC) vem desenvolvendo uma moeda digital de banco central (CBDC), especificamente o yuan digital. O yuan digital tem uma ligação com o yuan tradicional em termos de valor, mas poderia atuar em transações digitais de varejo em um sistema de pagamento centralizado.

Com um robusto ecossistema de pagamentos digitais doméstico, a China fez um movimento estratégico e silencioso em pagamentos internacionais que está remodelando os fundamentos das finanças globais. O Banco Popular da China (PboC) anunciou que seu sistema digital de liquidação transfronteiriça em RMB será totalmente conectado às dez nações da ASEAN e seis países do Oriente Médio, o que implica que cerca de 38% do comércio global poderá ignorar a rede SWIFT dominada pelo dólar americano. Ao contrário do SWIFT, onde as transações levam de 3 a 5 dias e envolvem múltiplos intermediários, a moeda digital chinesa está pronta para fazer a ponte e reduzir o tempo de processamento para apenas alguns segundos. A velocidade e a transparência do sistema estão forçando uma reavaliação das estruturas dependentes do dólar, especialmente em mercados emergentes. Sua arquitetura de blockchain aplica protocolos antilavagem de dinheiro automaticamente, reduzindo os riscos de fraude e mantendo a rastreabilidade. Essa eficiência já atraiu 23 bancos centrais, com traders de energia do Oriente Médio relatando uma queda de 75% nas despesas de liquidação. A estratégia da China se estende além dos pagamentos. O RMB digital é entrelaçado em projetos de infraestrutura como a Ferrovia China-Laos e a Ferrovia de Alta Velocidade Jacarta-Bandung, formando uma "Rota da Seda Digital" que combina fluxos de moeda com corredores comerciais. Ao implementar rapidamente o RMB digital nas economias da ASEAN e do Oriente Médio — cobrindo 38% do comércio global — a China efetivamente armou a tecnologia blockchain para desafiar o domínio do SWIFT e do dólar. Isso sinaliza uma mudança tectônica nas finanças globais com implicações profundas para o Ocidente e o dólar americano.

O Banco Popular da China (PBOC) começou a trabalhar em projetos para o desenvolvimento de uma estratégia centralizada de moeda digital desde 2014. Originalmente concebido como um projeto de moeda digital/sistemas eletrônicos (DCEP), o e-CNY foi introduzido como um piloto em 2019, sendo criado principalmente como um CBDC de varejo doméstico para pagamentos diários, mas com uma forte disposição para explorar gateways para sua internacionalização em um futuro previsível. Shenzhen, Suzhou, Chengdu e Xiong'an — grandes cidades modernas que incorporam o crescente perfil econômico da China — foram escolhidas como os primeiros campos de teste e, desde então, esse exercício tem sido gradualmente expandido para outras áreas metropolitanas, a maioria das quais está localizada em regiões costeiras ricas.

O yuan digital foi integrado a vários aspectos da economia da Grande China. É usado para transações de varejo, transporte público e pagamentos de salários de funcionários públicos em grandes cidades como Pequim. Durante as Olimpíadas de Inverno, o yuan digital foi um dos três métodos de pagamento aceitos, destacando seu papel crescente na vida cotidiana. Além disso, o Banco Popular da China (PBOC) firmou parcerias com gigantes da tecnologia como Tencent e Alibaba para facilitar transações em yuan digital por meio de plataformas como WeChat e Alipay, garantindo ampla acessibilidade. Atualmente, existem sete bancos comerciais que fornecem e-CNY — o Banco Industrial e Comercial da China, o Banco Agrícola da China, o Banco da China, o Banco de Construção da China, o Banco de Comunicações, o Banco de Poupança Postal da China e o Banco de Comerciantes da China — e dois bancos online, o WeBank (WeChat Pay) e o MyBank (Alipay). Os usuários podem acessar o yuan digital por meio de aplicativos de bancos comerciais ou do aplicativo e-CNY do Banco Popular da China (PBC). O yuan digital permitiria ao governo chinês exercer maior controle sobre a oferta e a circulação monetária doméstica, com o objetivo de minimizar fraudes, lavagem de dinheiro e corrupção, e oferecer uma alternativa de pagamento digital mais segura e regulamentada às criptomoedas.

O novo sistema de pagamentos da China representa uma grande mudança na transferência internacional de dinheiro. Em particular, o yuan digital poderia fornecer uma alternativa ao dólar americano em regiões onde a China tem influência econômica substancial. Por exemplo, a promoção da moeda como meio preferencial para transações comerciais e financeiras em projetos vinculados à Iniciativa Cinturão e Rota (BRI) fortaleceria os laços econômicos da China com países parceiros e aumentaria sua influência sobre seus sistemas monetários, ao mesmo tempo em que reduziria a dependência do dólar americano e de sistemas de pagamento internacionais ocidentais, como o SWIFT. Estabelecer o yuan digital como uma alternativa viável ao dólar americano também poderia reduzir a vulnerabilidade da economia chinesa à política monetária americana (como ajustes nas taxas de juros, que influenciam o comércio e os investimentos denominados em dólar) e às sanções financeiras.

O catalisador mais provável para a internacionalização do yuan digital é a BRI. A moeda poderia ser adotada para transações dentro dos projetos da BRI, especialmente na Ásia e na África, devido ao envolvimento direto de empresas e bancos chineses. Como a BRI incentiva a conectividade e a cooperação entre os países participantes, ela poderia promover um ambiente que usa o yuan digital como moeda transacional compartilhada. Se o yuan digital for adotado pelos países da BRI e por aqueles que estão econômica, política ou estrategicamente alinhados com a China ou simplesmente desejam reduzir sua dependência do dólar americano por qualquer motivo, isso poderia resultar em um sistema financeiro internacional bifurcado, no qual um lado é liderado pelo dólar americano e o outro pelo yuan digital. Isso intensificaria ainda mais a competição estratégica entre a China e os Estados Unidos, interrompendo os fluxos de comércio e investimento e potencialmente fomentando a instabilidade cambial. Embora existam desafios para sua aceitação no mercado interno e adoção no exterior, na próxima década é possível que o yuan digital ganhe alguma força em ambas as frentes, dada a determinação de Pequim e os esforços concentrados para promover seu uso.

No entanto, existem desafios significativos para a adoção global do yuan digital para pagamentos internacionais. A China mantém uma conta de capital fechada, o que significa que empresas, bancos e indivíduos não podem movimentar dinheiro para dentro ou para fora do país, exceto em conformidade com regras rígidas. Esses controles rigorosos de capital são projetados para restringir atividades especulativas e impedir a fuga de capitais, mas, ao mesmo tempo, restringem a liquidez global do yuan. Presumivelmente, essas restrições também se aplicarão ao yuan digital no futuro, e a disponibilidade limitada da moeda tem o potencial de criar desafios de conversão — ou seja, dificuldades para converter grandes somas de dinheiro para dentro ou para fora dela. Essa oferta limitada também pode impactar a taxa de câmbio da moeda, levando a maiores flutuações em resposta às mudanças na demanda, causando instabilidade nos mercados globais onde o yuan digital desempenhará um papel fundamental.

A ideia de que o e-CNY representa uma proverbial solução mágica com a força necessária para acelerar a ascensão internacional do renminbi de forma meteórica da noite para o dia está completamente fora da realidade. É muito mais provável que esta unidade monetária digital desempenhe um papel fundamental na "longa marcha" incremental da internacionalização do RMB de várias maneiras, especialmente à medida que a digitalização das trocas econômicas macro e de varejo prospera por meio do comércio eletrônico. Como um vetor de interconexão financeira e monetária alinhado com a "rota da seda digital", o e-CNY pode participar de projetos geoeconômicos emblemáticos liderados pela China, como a Parceria Econômica Regional Abrangente (RCEP), a Iniciativa Cinturão e Rota (BRI), o Banco Asiático de Investimento em Infraestrutura (AIIB) e o Sistema de Pagamentos Interbancários Transfronteiriços (CIPS). Embora essas estruturas pudessem se conformar ao esqueleto da crescente ordem econômica internacional paralela de Pequim, o e-CNY fluiria como sua força vital.

O yuan digital vem gradualmente ganhando força, com os volumes de pagamento apresentando um aumento constante, atingindo aproximadamente US$ 250 bilhões em transações até meados de 2023. Embora o yuan digital represente atualmente uma parcela modesta do volume monetário total da China, sua adoção continua a crescer à medida que mais usuários se familiarizam com seus benefícios. À medida que a conscientização e o uso se expandem, o yuan digital está pronto para desempenhar um papel cada vez mais significativo no cenário financeiro da China, oferecendo uma alternativa apoiada pelo Estado que se alinha aos objetivos econômicos mais amplos do país.

Esses pagamentos não irão "destronar, derrubar ou desbancar" o dólar, mas ainda assim terão um impacto profundo. O yuan digital não precisa "derrubar" o dólar para ser disruptivo. Também é importante observar que o governo chinês, que detém US$ 3,2 trilhões em reservas em moeda estrangeira, nunca declarou que buscava derrubar o dólar. O dólar não será derrubado, mas as mudanças sutis e profundas das plataformas do yuan digital trarão aos pagamentos comerciais e à solidificação de alianças regionais não baseadas no dólar. Embora a desdolarização completa do comércio de petróleo seja altamente improvável nos próximos cinco anos, espera-se uma erosão gradual do uso do dólar na liquidação do comércio de petróleo e a reciclagem global das receitas do petróleo. A desdolarização será lenta até que um dia, provavelmente desencadeada por um choque econômico ou calamidade, ela deixará de ser. A questão não é se os países asiáticos e do hemisfério sul continuaram a usar dólares como base de câmbio, coisa que provavelmente continuarão a fazer ainda por muito tempo, mas saber se eles continuaram a colocar o superavit de seus balanços de pagamento à disposição dos órgãos controlados pelos EUA ou se usarão como instrumento de emancipação do Sul.

8

Giovanni Arrighi em Washington: as tarifas de Trump facilitam a ascensão da China?

Giovanni Arrighi argumentou que hegemonias mundiais bem-sucedidas foram capazes de inflar seu poder além do que seria possível alcançar apenas pela força, respondendo a todas as questões em torno das quais os conflitos ocorrem com num plano "universal", isto é, agindo de forma percebida como sendo do interesse do bloco hegemônico como um todo. A capacidade de fornecer "proteção legítima" para seus aliados, principalmente na Europa Ocidental, ampliou o poder mundial dos EUA nas décadas que se seguiram à Segunda Guerra Mundial. Mas, na virada do século, com o regime de "legítima proteção" se transformando num "esquema extorsivo de proteção", desencadeou-se um círculo vicioso de crise e declínio hegemônico estadunidense.

A hegemonia envolve liderança, capacidade de mobilizar outros países de acordo com uma agenda particular. Em outras palavras, significa fazer com que os outros países acreditem em um consenso em torno deste líder, na sua capacidade de agir em favor do interesse dos liderados. Neste sentido, os Estados Unidos não são mais hegemônicos. Por enquanto, são a maior economia, e aquela com o maior aparato militar, capaz de destruir qualquer país. E é precisamente por isso que podem dominar: porque têm um impacto sobre o mundo muito maior do que qualquer outra nação. Este domínio, contudo, não significa que os outros países necessariamente seguirão sua liderança. Na verdade, eles não a seguem mais. Os Estados Unidos permanecerão dominantes, mas não aptos a liderar o mundo como fizeram, por exemplo, ao final da Guerra Fria. Naquele período, eles eram capazes não só de criar alianças políticas e combinações, mas também tinham o poder de induzir europeus e japoneses a superar antigas diferenças com o objetivo de reconstruir a economia mundial. Além disso, os EUA tinham uma vantagem decisiva sobre a URSS na área financeira.

Para Arrighi, os Estados Unidos ainda são dominantes, econômica, militar e politicamente. Mas não são os mais competitivos economicamente, à moda do que foram naquela idade do ouro. São, em verdade, devedores mundiais, e mantêm um déficit na balança para o qual não há perspectiva clara de resolução. Trata-se de uma dominação sem hegemonia, no sentido de que hegemonia não é apenas dominação pura, mas também a capacidade de fazer os outros acreditarem que você age no interesse geral. A crise de hegemonia designa a situação em que falta ao Estado hegemônico dominante os meios ou a vontade de continuar conduzindo o sistema de Estados numa direção em geral considerada capaz de expandir não só seu poder, como também o poder coletivo dos grupos dominantes do sistema. Isso é, um Estado pode permanecer dominante mesmo depois da crise terminal de sua hegemonia, situação caracterizada como "dominação sem hegemonia".

É verdade que os EUA ainda detêm uma posição com diversas vantagens como universidades de pesquisa líderes mundiais, companhias inovadoras, vastos recursos energéticos, fortes conglomerados de capital privado e uma rede global de parceiros e aliados. A questão é se os EUA conseguirão ficar à altura da ascensão da China, reconstruindo sua economia e ao mesmo tempo liderando uma coalizão de países e ofereça reais benefícios para eles.

A presidência de Trump abandonou as táticas de legitimação do poder americano. Stephen Wertheim aponta que, no cenário mundial, Trump rejeitou o consenso estabelecido de que os EUA têm o direito e o dever de zelar pela ordem internacional através da força. Ao fazê-lo, ele não rejeitou o direito de usar a força, mas, sim, a noção de que os Estados Unidos tinham o dever de usá-la para proteger a ordem internacional – ou, ainda mesmo, que valia a pena que a ordem internacional fosse protegida. Trump pode ter abandonado o "internacionalismo nobre", porém o substituiu não por comedimento, mas por "militarismo de intimidação". Em suma, Trump desnudou o poder estadunidense, desfazendo-se de seu manto de piedade.

Esse declínio dos EUA nos ajuda a compreender as ações de retaliação à China que começaram no primeiro governo Trump e se radicalizam agora. Em seu primeiro mandato como presidente dos Estados Unidos, Donald Trump lançou uma guerra comercial contra a China que se manteve durante o governo Biden. Em 2016, 21% das importações americanas vieram da China, e o déficit comercial entre os dois países atingiu US$ 347 bilhões. Após anos de imposição de barreiras comerciais, em 2024, o déficit comercial havia caído para US$ 295 bilhões, com os EUA importando US$ 440 bilhões em bens, principalmente bens de consumo como smartphones e brinquedos, e exportando US$ 145 bilhões em bens, principalmente agrícolas e produtos de alta tecnologia, para a China.

Em seu segundo mandato, Trump expandiu essa guerra comercial para muitos países ao redor do mundo, principalmente com a China. No cerne das políticas protecionistas revigoradas de Trump está a noção de desacoplamento estratégico da China. Essa abordagem busca isolar a economia americana de interrupções e vulnerabilidades decorrentes de cadeias de suprimentos globais interconectadas, dominadas pela China. Essa recalibração estratégica é evidenciada por medidas como restrições à exportação de tecnologia, maior escrutínio de investimentos estrangeiros e a promoção de indústrias nacionais, refletindo uma mudança política deliberada em direção a uma maior autonomia nacional.

Só que agora, os Estados Unidos não têm mais o poder para exercer a liderança rumo à reconstrução hegemônica. Se os EUA quiserem forçar um desacoplamento, os chineses vão acelerar este processo, o que deve tornar os EUA uma "grande ilha" nos confins do Atlântico. No confronto com a China, o poder financeiro não está a favor, mas contra os EUA. Hoje a China está muito melhor posicionada para enfrentar um conflito comercial mais amplo. O governo chinês passou os últimos seis anos se preparando para uma nova guerra tarifária de Trump. Em comparação com 2018, expandiu suas relações comerciais com o resto do mundo, reduzindo a participação das exportações dos EUA de 20% para menos de 15% do total. A China já havia montado um processo de produção de bens de consumo de massa a preços baratos que invadiu todas as fronteiras e ocupou as prateleiras do planeta, tornando-se a fábrica do mundo. Com o dinheiro que acumulou no comércio internacional, fortaleceu suas instituições financeiras e passou a ser exportadora de capital, tornando-se, também, banco do mundo. Agora, a China pretende ser líder global da 4ª Revolução Industrial. Ela já está na liderança da produção de energia renovável e da transição da indústria automobilística do motor a combustão interna para os carros elétricos.

Também lidera o 5G, a construção de cidades inteligentes, o uso de smartphone para as compras e pretende ser a líder isolada da Inteligência Artificial. Tem o supercomputador mais rápido do mundo e o maior centro de pesquisa de computação quântica. Seu projetado sistema de navegação por satélite compete com o GPS dos EUA. E ultrapassou os EUA ocupando o primeiro lugar na produção mundial de artigos científicos. Além de possuir uma governança muito mais estável e sólida que os EUA.

A questão de fundo é que a China tem grande superávit comercial porque são competitivos. Os EUA querem fazer com a China o que fizeram com o Japão em 1985 [os acordos Plaza, que levaram à valorização do iene], matando a expansão japonesa. Mas a guerra comercial de Trump está encontrando sérios obstáculos com a China. Primeiro que a China não é um país vassalo como o Japão. Segundo que faltam aos EUA a unidade e a capacidade de gestão do Estado chinês, mais estável e previsível e com capacidade ampla de coordenar inúmeras políticas, o que explica o sucesso da industrialização do gigante asiático. O Estado chinês tem um elevado grau de integração da política industrial, fiscal, macroeconômica, controlando as principais variáveis dos preços macroeconômicos, como salários, juros, renda da terra e câmbio, que não é flutuante na China, mas regulado para justamente privilegiar as exportações. Em 2024, o consumo interno superou o investimento e as exportações como principal motor do crescimento, e mercados emergentes da Ásia e África passaram a representar mais da metade do comércio exterior chinês, diluindo o peso dos EUA.

A política tarifária de Trump é manifestação da perda relativa e absoluta da capacidade dos EUA de manter a centralidade no interior da economia política global. E os EUA estão lutando para impedir que a China se torne o novo centro da economia política global. Um problema com Trump, como apontou Igor Desyatnikov, é que se os Estados Unidos esperam preservar sua influência em uma região cada vez mais dominada pela China, não podem se dar ao luxo de alienar os próprios parceiros de que precisam para ter sucesso. No entanto, as políticas comerciais de Trump e o antagonismo em relação às alianças tradicionais fazem exatamente isso — minando a confiança, fragmentando as cadeias de suprimentos e deixando a China com uma oportunidade de ouro para consolidar a liderança na região e além. Trump argumenta que essas tarifas são necessárias para restaurar a justiça nas relações comerciais com os EUA. No entanto, muitos dos países alvos das tarifas são os mesmos dos quais os EUA dependem para ajudar a restringir as ambições regionais da China. Penalizar economicamente esses aliados enfraquece sua disposição de apoiar objetivos estratégicos mais amplos dos EUA, especialmente quando alternativas — como aprofundar os laços com a China ou priorizar blocos comerciais regionais como a Parceria Econômica Regional Abrangente (RCEP) — parecem mais estáveis e benéficas (Desyatnikov, 2025).

A Parceria Econômica Regional Abrangente (RCEP, na sigla em inglês) é um acordo de livre comércio firmado entre os países da Ásia e do Pacífico, em 2020. Os países que atualmente compõem o RCEP são: Brunei, Camboja, Indonésia, Laos, Malásia, Mianmar, Filipinas, Singapura, Tailândia, Vietnã, Austrália, China, Japão, Nova Zelândia e República da Coreia. Seus membros representam 50% da população mundial, 32% do PIB global e realizam cerca de 28% do comércio mundial e são grandes economias dinâmicas. A iniciativa do RCEP surgiu a partir da ASEAN (Associação das Nações do Sudeste Asiático) com o intuito de buscar uma maior aproximação com os principais países da região. Os objetivos incluíam reduzir e eliminar as barreiras tarifárias e não tarifárias para bens, melhorar o ambiente de investimento e contribuir para a liberalização do setor de serviços harmonizando acordos bilaterais e sub-regionais de livre comércio já assinados entre membros e parceiros da ASEAN. As negociações do acordo começaram quando as cadeias produtivas globais estavam se reorganizando. Existia uma demanda cada vez maior pela redução nos custos de transações que dificultavam negociações que visavam a liberalização comercial no âmbito multilateral, promovidas pela Organização Mundial do Comércio. Este tratado foi considerado extremamente relevante por conta de seu significado político e econômico, por: (1) uma maior afinidade entre China, Japão e Coreia do Sul; (2) entrada da China que contrabalanceia com estratégias de exclusão consagrado por acordos com os EUA; (3) apogeu dos esforços na integração econômica de países do Leste Asiatico, (4) e também, na parte econômica, a importância do tamanho do mercado desses países unidos pela inserção nas cadeias produtivas mundiais. Sob o acordo, a região se tornou o centro mais dinâmico para fluxos de capital transfronteiriços. Em 2023, a região atraiu 35% do investimento estrangeiro direto global e contribuiu com 30% do investimento global de saída.

Para Desyatnikov, as tarifas de Trump não apenas provocam retaliações — elas aceleram a exclusão dos Estados Unidos das principais cadeias de suprimentos globais. As nações do Sudeste Asiático, já receosas de serem apanhadas em uma rivalidade entre grandes potências, estão se voltando para dentro. O comércio entre os países asiáticos está crescendo sob o RCEP, um acordo megarregional que exclui os Estados Unidos. Na esteira do protecionismo dos EUA, as principais economias mundiais buscarão novas redes de suprimentos que dependam menos de insumos e mercados americanos. As empresas americanas também estão respondendo a essa incerteza: algumas estão realocando a produção para países mais amigáveis, enquanto outras estão perdendo terreno para concorrentes que operam em zonas francas. À medida que essas nações comercializam mais entre si e com a China, os EUA correm o risco de serem ultrapassados no desenvolvimento de setores de próxima geração, como energia verde, IA, veículos elétricos e semicondutores. As empresas globais estão se ajustando de acordo, favorecendo ecossistemas estáveis, integrados e previsíveis. Nesse contexto, as tarifas de Trump não são apenas economicamente custosas — são estrategicamente suicidas. À medida que os países reconfiguram as cadeias de suprimentos de forma a excluir os Estados Unidos, as empresas americanas perderão acesso a polos de inovação, mercados emergentes e matérias-primas vitais. O resultado pode ser um mundo em que os Estados Unidos não sejam mais a potência indispensável, mas sim uma potência periférica — vista com cautela, tolerada devido ao seu tamanho de mercado, mas não mais confiável para liderar. À medida que a China constrói novas coalizões e aprofunda seu alcance global, a retirada dos Estados Unidos da liderança estratégica terá consequências que perdurarão muito além de um único governo.

Além disso, a guerra tarifária de Trump poderá acelerar transformações vitais na China, destacando-se o aumento no consumo interno, fortalecimento das cadeias produtivas de terras raras e o avanço de cadeias produtivas de alta tecnologia, com destaque na inovação nacional em IA, semicondutores e robótica. Keyu Jin diz que a catastrófica guerra tarifária de Trump pode infligir sérios prejuízos econômicos à China, mas também pode desencadear um surto tecnológico — não intencionalmente, mas por necessidade. Embora o desafio econômico mais urgente da China continue sendo interno, as tarifas americanas dão a Pequim um pretexto claro para agir — para estimular agressivamente, subsidiar estrategicamente, aguçar seu instinto de sobrevivência e redobrar a supremacia tecnológica. Assim, se o objetivo de Washington é suprimir a ascensão da China, está fazendo tudo errado.

Arrighi apontava que o ajuste dos EUA à nova realidade da economia global envolverá a combinação de mais desvalorização do dólar, valorização das moedas dos países com maior superavit em transações correntes e redirecionamento desses superávits do financiamento do déficit norte-americano para a criação de demanda em outros lugares, principalmente na Ásia oriental. Esse ajuste final pode ser "violento", com a derrocada do dólar, ou "suave". Em suas palavras, "seja como for, o ajuste resultará inevitavelmente numa queda ainda maior do controle norte-americano sobre os recursos econômicos mundiais, na redução do peso e da centralidade do mercado norte-americano na economia global e na diminuição do papel do dólar como meio de pagamento internacional e moeda de reserva".

Arrighi diria que ainda não sabemos se o resultado catastrófico das tarifas de Trump é o prelúdio de catástrofes maiores ou se ensinou o governo dos EUA a se ajustar à nova realidade do poder mundial. Longe de lançar as bases para um segundo século norte-americano, as tarifas de Trump comprometem a credibilidade do poderio econômico, reduzindo ainda mais a centralidade do país e da moeda na economia política global, fortalecendo a promoção da China como alternativa à liderança norte-americana na Ásia Oriental e outras regiões. Trump acelera o colapso econômico pela resistência dos EUA ao crescente poder econômico da Ásia oriental. As tarifas representam uma forma extremada de resistência ao ajuste e acomodação, mas pela forma que vem acontecendo, devem consolidar ainda mais a transmissão do poder hegemônico global para Ásia oriental. Como diria Arrighi, a China está emergindo, mas isso não significa que a China esteja para se tornar hegemônica, ou que a próxima situação vá implicar a hegemonia de um país em particular. Isso pode resultar em caos, mas ao mesmo tempo pode criar uma situação de maior equilíbrio de status e poder entre os países. Seria uma transformação fundamental das relações internacionais como as conhecemos nos últimos 500 anos. Mas é uma potencialidade, não significa que vamos vê-la se materializar. Mesmo que a China não deseje exercer uma nova hegemonia, ela terá cada vez mais fornecer soluções de nível sistêmico aos problemas sistêmicos deixados pela hegemonia dos EUA. E somente com a colaboração generalizada do Sul se poderá realizar tal mudança sistêmica.

Referências

ARRIGHI, G. O longo século XX: dinheiro, poder e as origens do nosso tempo. Trad. Vera Ribeiro. Rio de Janeiro: Contraponto/Unesp: São Paulo, 1996.

_________. Adam Smith em Pequim. São Paulo, Boitempo, 2008.

DESYASTNIKOV, I. Tarifas de Trump colocam em risco a transição dos EUA para a Ásia. Geopolitical Monitor, 2025. Disponível em https://www.geopoliticalmonitor.com/trump-tariffs-imperil-the-us-asia-pivot/

JIN, K. Se Trump está tentando suprimir a China, ele está fazendo tudo errado. Financial Times, 2025. Disponível em https://www.ft.com/content/258326fb-39c1-4ae5-a79c-270cdbef4a23

WERTHEIM, S. What Trump got right: shaking the foreign policy consensus. Washington Post, Washington DC, 2021.

Parte 2

Geopolítica de Trump para Rússia, Europa e América Latina

9

Trump e o Kissinger reverso

As palavras nada diplomáticas de Donald Trump para o presidente ucraniano Volodymyr Zelensky na Casa Branca deixaram muitos perplexos. Muitos desses observadores conjeturaram que o espetáculo tinha como objetivo ilustrar que Trump estava disposto a se inclinar contra a Ucrânia para acomodar Putin. E a razão para isso, dizem eles, é criar uma divisão entre a Rússia e a China, que Trump vê como a principal ameaça aos EUA.

O establishment da política externa de Washington está chamando a política de Trump em relação à Rússia de "Kissinger Reverso". Ou seja, Trump está usando a mesma tática empregada por Henry Kissinger, principal assessor de política externa de Richard Nixon, quando encorajou seu chefe a abrir relações com a República Popular da China (RPC) e, assim, "jogar a carta da China" contra a mais poderosa União Soviética.

Henry Kissinger (1923-2023) foi um dos mais influentes burocratas da política externa dos EUA na história. Durante a presidência de Richard Nixon, de 1969 a 1974, Kissinger basicamente dirigiu a política externa dos Estados Unidos. Tanto Nixon quanto Kissinger acompanharam de perto a disputa entre a União Soviética e a China. Quando Nixon se tornou presidente, a disputa fronteiriça entre a URSS e a China em torno da Ilha Zhenbao quase se desdobrou em um possível ataque nuclear soviético contra Pequim. Kissinger reconheceu que essa disputa era de grande valor para os Estados Unidos, pois impedia que os dois grandes países da Eurásia criassem uma união integral contra a aliança atlântica encapsulada pela OTAN. Se a Rússia e a China se unissem, escreveu Kissinger, elas seriam capazes de minar a base do poder ocidental no mundo. Impedir essa aliança era essencial, e usar a disputa sino-soviética para criar uma barreira profunda entre os dois países era o cerne da política de Kissinger. A reaproximação com a China também permitiu que os EUA tentassem fechar a linha de suprimento logístico para as forças de libertação nacional do Vietnã em sua guerra contra a agressão dos EUA.

Foi por esse motivo que Kissinger iniciou conversas secretas com o governo chinês por intermédio do Paquistão em 1970, fez uma viagem secreta a Pequim em 1971 e, assim, abriu as portas para Nixon visitar a China no ano seguinte. Em seu relatório verbal para a equipe da Casa Branca após sua visita à China, Kissinger fez este importante comentário: "Os chineses são pessoas extremamente sérias. Eles não nos querem bem. Não temos ilusões quanto a isso. Mas, em termos de nossa situação geral, com a pressão soviética e com a situação no Sudeste Asiático, é de nosso interesse trazer os chineses para perto de nós". A visita histórica de Nixon à China foi totalmente motivada pelos interesses dos EUA de separar a Rússia e a China para que os EUA pudessem estabelecer seu poder no continente asiático.

Trump está fazendo o mesmo, só que indo na direção oposta. De fato, o próprio Kissinger havia profetizado a vinda do "Kissinger reverso", pois, como ele disse a Nixon apenas alguns dias antes de sua fatídica viagem de 1972, um futuro presidente americano «se for tão sábio quanto você, acabará se inclinando para os russos contra os chineses». Kissinger teria sugerido a ideia a Trump em 2017.

Trump entende que a Rússia não é uma ameaça existencial para os Estados Unidos. O governo dos EUA não teme a venda de energia russa para a Europa, já que não há nenhuma pretensão de que essas vendas de commodities primários prejudiquem o controle geral dos EUA sobre a economia global. Entretanto, o rápido desenvolvimento da tecnologia e da ciência da China, bem como de novas forças produtivas, representa genuinamente uma ameaça ao domínio dos EUA sobre os principais setores da economia global. É a percepção da "ameaça" da China aos Estados Unidos que motiva a abordagem de Trump em relação a alianças e inimigos.

Trump discutiu publicamente as "parcerias econômicas potencialmente históricas" e as "oportunidades incríveis" para empresas americanas na Rússia, caso a guerra com a Ucrânia termine. A Rússia está economicamente isolada há três anos devido a sanções internacionais e o fim da guerra pode mudar isso. Na Conferência de Segurança de Munique, em fevereiro, Keith Kellogg, enviado especial de Trump para o conflito Rússia-Ucrânia, afirmou que os EUA queriam "romper" a aliança entre Rússia, China e Coreia do Norte. Em entrevista ao site de direita Breitbart, o Secretário de Estado dos EUA, Marco Rubio, falou sobre como a dependência da Rússia em relação à China – que aumentou durante a guerra com a Ucrânia – não era um «bom resultado» para Washington.

No entanto, o sistema internacional atual e as relações China-Rússia diferem significativamente daqueles da era da Guerra Fria. A invasão russa da Ucrânia em 2022 levou ao fortalecimento das relações bilaterais. A China resistiu à pressão, recusando-se a condenar a Rússia e alegando neutralidade na guerra. Em março de 2023, China e Rússia reafirmaram veementemente sua amizade durante a visita de Xi a Moscou. Para o líder chinês, tratava-se de desafiar o Ocidente visitando Putin, apesar de seu isolamento internacional, das grandes dificuldades que seu exército enfrentava na frente ucraniana e do mandado de prisão do Tribunal Penal Internacional. Ao mesmo tempo, Pequim apoia indiretamente Moscou, comprando seus produtos energéticos e fornecendo equipamentos não letais e de dupla utilização, permitindo que a Rússia se abasteça de tecnologia essencial para seu esforço de guerra. O apoio chinês ao esforço de guerra russo é, portanto, medido. Ao mesmo tempo em que mantém Moscou à tona, visa garantir que Washington permaneça mobilizado na Europa, em detrimento do fortalecimento de sua presença no Leste Asiático.

Os críticos de Trump estão certos ao afirmar que não há nada hoje análogo à fratura por trás da abertura de 1972 — não há um espaço de manobra óbvio entre Moscou e Pequim como a cisão sino-soviética que separou os dois gigantes comunistas a partir da morte de Josef Stalin em 1953. Em contraste, a relação entre o presidente russo Vladimir Putin e o presidente chinês Xi Jinping é marcada por uma forte afinidade pessoal e objetivos estratégicos compartilhados. Ambos os países estão comprometidos com um mundo multipolar e com a redução da hegemonia americana.

Uma diferença fundamental é que, na época em que Nixon se encontrou com o presidente Mao Zedong em Pequim, em 1971, as relações entre a URSS e a China estavam em declínio acentuado. Os dois lados estavam envolvidos em um conflito ideológico prolongado sobre o futuro do movimento comunista global e haviam se envolvido recentemente em um confronto militar sobre sua fronteira conjunta em 1969. Hoje há uma ausência de rivalidade ideológica entre a Rússia e a China. Durante a Guerra Fria, ambas as nações disputavam a liderança do movimento comunista global, intensificando sua rivalidade geopolítica. Hoje, porém, sua cooperação se baseia em interesses mútuos pragmáticos, e não em alinhamento ideológico. Ambos os países estão unidos em sua oposição ao domínio dos EUA e trabalham ativamente para desenvolver instituições globais alternativas, como os BRICS e a Organização de Cooperação de Xangai (SCO), para desafiar as estruturas lideradas pelo Ocidente. Essa visão compartilhada reduz as barreiras ideológicas e promove uma colaboração mais estreita, dificultando significativamente a probabilidade de uma grande ruptura entre Rússia e China, que os Estados Unidos possam explorar uma divisão entre as duas potências.

As realidades geopolíticas complicam ainda mais a estratégia inversa de Kissinger. Em regiões onde seus interesses se cruzam, Rússia e China adotaram papéis estratégicos compartilhados, em vez de competir. Por exemplo, na Ásia Central, a China atua principalmente como uma potência econômica, investindo em infraestrutura por meio de iniciativas como a Iniciativa Cinturão e Rota, enquanto a Rússia atua como garantidora da segurança regional. Ambos os países buscam manter a estabilidade e limitar a influência ocidental na região. Além da Ásia Central, essa abordagem cooperativa se estende a outras áreas de interesse estratégico. A Rússia concentra-se na Europa Oriental e seus países vizinhos, enquanto a China concentra-se no Leste Asiático e no Indo-Pacífico. Seus objetivos complementares minimizam o potencial de conflito e aumentam sua capacidade coletiva de desafiar os interesses dos EUA globalmente. Ambos os países percebem os EUA como uma ameaça comum. Essa percepção compartilhada incentiva uma coordenação mais estreita para dividir o foco estratégico dos EUA entre a Europa e a Ásia, impedindo Washington de concentrar seus recursos em qualquer uma das frentes para conter suas ambições.

Os laços econômicos entre a Rússia e a China minam ainda mais a viabilidade de uma estratégia Kissinger inversa. Desde o início das sanções ocidentais, após a anexação da Crimeia pela Rússia em 2014, Moscou tem recorrido cada vez mais a Pequim em busca de apoio econômico. O comércio bilateral entre a Rússia e a China saltou de US$ 140 bilhões em 2021 para US$

244 bilhões em 2024. A China tornou-se um mercado crucial para as exportações de energia russas, enquanto a Rússia depende de bens industriais e tecnologia chineses. Mais de 1.000 empresas estrangeiras deixaram ou encerraram suas operações após a invasão e empresas chinesas preencheram o vácuo. A China, por sua vez, recebeu petróleo e gás natural da Rússia com grandes descontos, que se tornou um novo destino importante para seus produtos manufaturados. As exportações chinesas para a Rússia aumentaram 70% entre 2021 e 2024, segundo a Capital Economics, com a Rússia absorvendo uma parcela significativa do boom exportador chinês após a pandemia de COVID-19. A China também é uma fonte de tecnologia de uso duplo, como drones, e oferece apoio diplomático aos interesses da Rússia em enfraquecer o poder dos EUA.

Em contrapartida, o comércio entre os EUA e a Rússia permanece relativamente baixo, totalizando apenas US$ 3,5 bilhões em 2024. As limitações estruturais da economia americana, incluindo seu status de grande exportadora de energia, tornam improvável que Washington possa oferecer à Rússia benefícios econômicos comparáveis. Mesmo no cenário hipotético de Moscou se voltar para os EUA, as realidades econômicas limitariam a profundidade de qualquer potencial parceria. A exclusão da Rússia dos mercados europeus forçou-a a redirecionar suas exportações para a Ásia, especialmente para a China.

Rússia e a China estão hoje mais próximas do que nunca – unidas por uma forte cooperação econômica, militar e estratégica, e por uma aversão compartilhada ao Ocidente. O ímpeto para as relações China-Rússia é estrutural: cada país considera os Estados Unidos como seu principal adversário e vê o outro como um parceiro importante em seus esforços para evitar o cerco militar, econômico e diplomático. Na verdade, quando o conflito na Ucrânia começou, Putin e Xi já eram parceiros próximos: encontraram-se mais de 40 vezes desde que Xi assumiu o poder em 2012, primeiro como secretário-geral do Partido Comunista Chinês e depois como presidente. Sob Putin e Xi, as duas nações construíram uma aliança robusta baseada em enormes interesses econômicos, comerciais, energéticos e tecnológicos. O comércio da Rússia com a China supera em muito o comércio da Rússia com os EUA. Moscou sabe que os EUA jamais poderiam substituir a China. Putin e Xi investiram na visão geopolítica e filosófica de criar um mundo multipolar, que supere as ambições americanas de domínio hegemônico. Apesar dos esforços de Trump, é altamente provável que Pequim continue a seguir sua política pró-Rússia. E seria estrategicamente inepto (e improvável) por parte da Rússia queimar o relacionamento de longo prazo com Pequim para garantir um relacionamento com o governo Trump, que pode deixar o cargo em 2028.

10

Trump mira a China, mas atira no Hemifério Ocidental

Em recente artigo, apontamos que ainda não sabemos se o resultado catastrófico das tarifas de Trump é o prelúdio de catástrofes maiores ou se ensinou o governo dos EUA a se ajustar à nova realidade do poder mundial. Longe de lançar as bases para um segundo século norte-americano, as tarifas de Trump comprometem a credibilidade do poderio econômico, reduzindo ainda mais a centralidade do país e da moeda na economia política global, fortalecendo a promoção da China como alternativa à liderança norte-americana na Ásia Oriental e outras regiões. Trump acelera o colapso econômico pela resistência dos EUA ao crescente poder econômico da Ásia oriental. As tarifas representam uma forma extremada de resistência ao ajuste e acomodação, mas pela forma que vem acontecendo, devem consolidar ainda mais a transmissão do poder hegemônico global para Ásia oriental. A grande utopia liberal do consenso de Washington entrou em colapso, e agora vivemos a grande utopia da emergência asiática, uma diversificação entre os modelos socialistas e capitalistas.

Isso não significa que os países do Hemisfério Ocidental, incluindo a Europa e a América Latina, serão beneficiadas pelas políticas encabeçadas pelos EUA de Trump. Quando ele conquistou sua vitória em novembro, recebeu a missão de colocar os Estados Unidos em primeiro lugar. No âmbito da diplomacia e da defesa, isso significa prestar mais atenção à sua própria vizinhança — o Hemisfério Ocidental. Apesar de quase todos estarem olhando o conflito EUA-China como o mais fundamental, existem outros desdobramentos ocorrendo que impactam principalmente na Europa e na América Latina. O Hemisfério Ocidental deve ser o mais afetado pela política dos EUA. Sem conseguir competir efetivamente com a China, os EUA já vêm tentando substituir a manufatura da Europa (destruição do North Stream, guerra na Ucrânia, etc.) e da América Latina (golpes, lawfare, sanções, etc), aumentando seu poder relativo para futuros conflitos com a China. Por isso, não está descartado que o plano de Trump mire a China, mas atire nos países e nas empresas dos países do Hemisfério Ocidental, para que comprem e se desloquem para os EUA, assim como se alinhem aos seus interesses estratégicos. As ações visando o controle da Groelândia e o Canal do Panamá, como grandes centros de comércio ocidental, apontam nesta direção.

Donald Trump está deixando bem claro que a era de décadas de passividade dos EUA no Hemisfério Ocidental chegou ao fim. A repriorização do Hemisfério Ocidental por Trump é impossível de ignorar. Embora tenha descartado rapidamente o interesse dos EUA na Síria pós-guerra civil e prometido mediar uma resolução rápida para a guerra entre Rússia e Ucrânia, Trump deixou claro seu foco em fechar a fronteira EUA-México à entrada ilegal; expressou interesse em reviver as visões americanas tradicionais sobre a necessidade estratégica da Groenlândia e do Canal do Panamá; concentrou-se fortemente nas preocupações de segurança e comércio dos EUA com o México e o Canadá. Além disso, aplicou tarifas para os países da União Europeia (EU) e ensaiam uma cisão histórica com o Reino Unido.

O PIB nominal do Hemisfério Ocidental em 2023 foi superior a US$ 36 trilhões, segundo dados do FMI. Mesmo somando o PIB do Japão, Coreia do Sul, Taiwan e membros da ASEAN ao da China, se chega a US$ 27 trilhões. A média ponderada do PIB per capita do Hemisfério Ocidental, que ultrapassa US$ 70.000, é muito maior que a do Leste Asiático, onde a média ponderada do PIB per capita chega perto da marca de US$ 17.000, mesmo depois de incluir as três economias mais ricas da região. Portanto, na cabeça de Trump, parece que ser grande, rico, fechado e geograficamente isolado no Hemisfério Ocidental pode conferir algumas vantagens geopolíticas decentes.

As tarifas de Trump e a incerteza geral em torno das políticas comerciais dos EUA podem afetar a economia da UE de várias maneiras. No geral, as tarifas impactam significativamente os exportadores europeus. Elas também podem ter impacto nas decisões sobre inflação e taxas de juros nos próximos meses. As políticas da nova administração dos EUA podem resultar em crescimento econômico lento da UE. As previsões atuais indicam um pequeno aumento no crescimento econômico nos próximos dois anos, após um 2023 já estagnado e crescendo apenas moderadamente (0,2%) em 2024. No caso de uma tarifa de 10% imposta e o consequente aperto financeiro, o FMI prevê que o crescimento da UE nos próximos dois anos seria 1% mais lento, em relação à previsão atual.

A UE tem exportado consistentemente mais bens para os EUA do que importado. Em 2023, a UE exportou € 502 bilhões em bens para os Estados Unidos e importou € 344 bilhões, gerando um superávit de € 158 bilhões para a UE, segundo dados do Eurostat. Em 2023, os produtos manufaturados mais exportados da UE para os EUA foram máquinas e veículos, com 41%, seguidos por produtos químicos, com 27%, segundo dados do Eurostat. A Alemanha foi de longe o maior exportador para os EUA, seguida de longe pela Itália e Irlanda. Em contraste, a Europa importa muito mais em termos de serviços do que exporta para os EUA, registrando um déficit de € 104 bilhões nesse setor.

As políticas de Trump durante um segundo mandato terão, sem dúvida, consequências graves para a economia europeia que está profundamente integrada nas cadeias de valor globais. BMW, Volkswagen e Porsche dependem dos EUA para uma parcela substancial das vendas. A montadora francesa Renault e Stellantis (que possui a Peugeot e a Fiat) também têm exposição significativa aos EUA e podem ver um crescimento mais lento nas vendas. A Europa é o lar de algumas das marcas de luxo mais prestigiadas do mundo, incluindo LVMH, Hermès e Burberry. Muitas dessas empresas já perderam o mercado russo e obtêm uma parcela significativa da receita dos consumidores americanos. Se as tarifas aumentarem os preços, os clientes dos EUA podem cortar gastos, impactando o crescimento da receita. Empresas como Siemens, Schneider Electric e Airbus podem enfrentar aumento de custos e atrasos em contratos. Com as cadeias de suprimentos já sobrecarregadas por interrupções anteriores, quaisquer novas barreiras comerciais só agravarão os desafios. A UE também exporta quantidades significativas de alimentos e bebidas para os EUA, incluindo vinho francês, queijo italiano e azeite espanhol. Se as tarifas permanecerem em vigor por muito tempo, algumas empresas europeias podem ser forçadas a cortar investimentos, reduzir as contratações ou até demitir funcionários, pressionando os gastos do consumidor.

O desdém do governo Trump pela Europa é profundo e a fratura transatlântica é estrutural. Washington considera a Europa obsoleta, arrogante e parasitária. O que a Europa fez, segundo Trump, foi cometer o pecado capital de não comprar mais produtos americanos. «Eles não levam nossos carros, não levam nossos produtos agrícolas, não levam quase nada – e nós levamos tudo deles», disse ele. Em entrevista à NBC, Trump também disse que «não se importaria nem um pouco» se as montadoras estrangeiras aumentassem os preços por causa de suas tarifas, argumentando que o objetivo é fazer as pessoas comprarem carros fabricados nos Estados Unidos.

Trump também está interessado em controlar a capacidade da economia europeia se desenvolver por meio de substituir a Rússia como provedora de energia. Como escreveu Alonso Romero, a Casa Branca pressiona o Velho Continente a comprar seu gás. Objetivo é mais que comercial: controlar o desenvolvimento europeu, para não competir com o seu. Trump ameaçou vários líderes com tarifas e sanções se eles não comprarem mais gás natural liquefeito dos EUA para substituir qualquer dependência de fontes de energia russas. Isso permitirá que os EUA controlem o desenvolvimento econômico e tecnológico da Europa para que ele não rivalize com o seu. Segundo a Deloitte, 67% das empresas que realocaram suas atividades citaram o alto custo da energia como o principal fator. Se a dependência da Europa dos EUA em questões energéticas se materializar, eles nunca conseguirão desenvolver nenhum setor sem que os EUA permitam. Os EUA não precisam fazer nada mais do que ameaçar aumentar os custos ou cortar o fornecimento. O que obrigaria a Europa a criar políticas que baixassem os salários como forma de "competir" no mundo.

As queixas de Trump contra a Europa não se limitam ao comércio e energia. Ele criticou duramente os países europeus por não cumprirem os compromissos assumidos na cúpula da OTAN em 2014, de aumentar seus gastos com defesa para 2% do PIB. Sete países da UE não atingiram esse limite em 2024, e muitos outros alcançaram a meta apenas graças a um impulso tardio nos gastos, alimentado pelo desejo de evitar a raiva de Trump. Trump também deve tentar bloquear ao máximo as relações entre China e Europa. As maiores importações da Europa da China são equipamentos de telecomunicações, máquinas e aparelhos elétricos e máquinas automáticas de processamento de dados. Suas principais exportações são automóveis e veículos, medicamentos e outras máquinas. Todos esses são setores-chave e, se forem bloqueados ou cortados, prejudicarão profundamente a economia europeia. Assim, os esforços dos EUA para desacelerar o avanço econômico e tecnológico percebido pela China podem, portanto, causar danos colaterais à Europa.

Outra frente é a tentativa de Trump tomar a Groenlândia, um território autônomo do Reino da Dinamarca. "Precisamos da Groenlândia para a segurança internacional. Precisamos dela. Temos que tê-la", disse Trump em entrevista. Ele deu a entender que poderia usar força militar para tomar a Groenlândia. "Vamos conquistar a Groenlândia. Sim, 100%. Há uma boa possibilidade de que isso possa ser feito sem força militar", acrescentando, no entanto, que "não retiro nada da mesa". A obsessão de Trump com a ilha estratégica e rica em minerais se intensificou nas últimas semanas. Ele fez da questão uma prioridade máxima de segurança nacional e disse que "precisamos" do território para garantir a posição dos EUA no Ártico.

Quando Trump fala em adquirir a Groenlândia, renomear o Golfo do México como "Golfo da América" e assumir o controle do Canal do Panamá, ele fala diretamente de uma preocupação com a segurança hemisférica. Trump considera a segurança operacional de rotas de navegação e passagens marítimas essenciais — a Passagem Noroeste, o Canal do Panamá e, mais ao sul, a Passagem de Drake. A sustentação do poder atual e futuro dos EUA, portanto, depende da manutenção do domínio energético, do controle de rotas comerciais estratégicas e da manutenção de uma defesa do Hemisfério Ocidental. O que a oferta de "compra" da Groenlândia revela é fundamentalmente o medo de que os EUA não consigam conter a China e seus planos de aumentar seu domínio no Leste Asiático (incluindo Taiwan) e além. Se isso acontecer, os EUA não devem depender de aliados menores e mais fracos, como Dinamarca e Canadá (e outros, como o Panamá), para defender os interesses dos EUA.

Com o tempo, poderemos ver o fim da globalização como a conhecemos e o surgimento de dois ou três blocos comerciais ao redor do mundo, isolados uns dos outros por tarifas altas, tensões geopolíticas e diferentes sistemas e filosofias políticas. Porém, até agora, líderes europeus não perceberam que estão em apuros, muito menos tem respostas, planos de contingência e medidas para defender os interesses dos países. Assim como a Europa, a América Latina também deve se o foco primordial das ações tarifárias e sanções dos EUA, que visa apertar o cerco geopolítico ao seu "quintal", como disse seu Secretário de Defesa. É o que debatemos no próximo artigo.

11

Trump e a nova Doutrina Monroe

No início do segundo governo, Trump começou a se comportar como se fosse o imperador do Hemisfério Ocidental. Por diversas vezes Trump elogiou o presidente William McKinley, que serviu de 1897 a 1901 e liderou os Estados Unidos na Guerra Hispano-Americana, em que obrigou a Espanha a ceder a soberania sobre Porto Rico e outros territórios, assim como tornou Cuba um protetorado. É inegável que Trump se inspira por esse momento - que os EUA consolidam sua hegemonia regional - para pensar sua política externa para a América Latina.

A importância da América Latina para Trump se demonstra pela escolha do novo secretário de Estado, Marco Rubio. Filho de pais cubanos, natural de Miami, Rubio é fluente em espanhol e familiarizado com a cultura latino-americana. Ele é conhecido por suas opiniões inflamadas sobre questões latino-americanas , tendo rotulado o regime venezuelano de «narcoditadura", acusado a Nicarágua de "patrocinar o tráfico de pessoas" e culpado Cuba por fornecer "porto seguro para terroristas". A oposição ativa de Rubio à crescente influência da China no hemisfério ocidental também pode moldar significativamente a abordagem do governo para a região. "Por muitas razões, a política externa dos EUA há muito tempo se concentra em outras regiões, negligenciando a nossa. Como resultado, deixamos os problemas se agravarem, perdemos oportunidades e negligenciamos parceiros. Isso acaba agora", escreveu Rubio em um artigo de opinião recente para o Wall Street Journal intitulado "Uma Política Externa das Américas em Primeiro Lugar".

A abordagem de Trump/Rubio às Américas e sua adoção do pensamento de "esferas de influência" remonta à Doutrina Monroe do início do século XIX. Em sua forma original, tratava-se de uma declaração vaga do presidente James Monroe, em 1832, de que as potências europeias não deveriam intervir na América Latina. Foi a primeira vez que os EUA afirmaram seu direito à autonomia irrestrita no Hemisfério Ocidental. Monroe declarou que Washington consideraria qualquer interferência de outras grandes potências no hemisfério como uma "disposição hostil aos Estados Unidos". Ao anunciar suas ambições territoriais no Canadá, na Groenlândia e no Canal do Panamá, Trump parece ter reanimado a Doutrina Monroe. Em entrevista à Fox News pouco antes de Trump assumir o cargo, o conselheiro de segurança nacional Mike Waltz afirmou que parte da agenda «América em primeiro lugar» do governo será «reintroduzir a América no Hemisfério Ocidental» — uma abordagem que, segundo ele, poderia ser chamada de «Doutrina Monroe 2.0». Ryan Berg, diretor do Programa das Américas no Centro de Estudos Estratégicos e Internacionais, disse que "o governo Trump está tentando criar uma espécie de perímetro de segurança, uma zona de segurança em nossa própria vizinhança compartilhada primeiro, antes de começar a olhar para outros teatros do mundo". Jay Sexton, autor de uma história da Doutrina Monroe, disse que ela sempre esteve "incorporada em guerras culturais" e ligada a debates entre internacionalistas e isolacionistas sobre o papel dos Estados Unidos no mundo. "Hoje, vivemos em uma era de competição geopolítica renovada, volatilidade e incerteza. As esferas regionais de influência são a palavra-chave hoje em dia, seja a China em sua região ou os russos na Ucrânia. Parece um pouco com o século XIX". Um ensaio recente de Hal Brands na *Foreign Affairs* destaca que, mesmo sob condições restritivas, uma versão atualizada da «América Primeiro» incluiria uma «Doutrina Monroe revitalizada». E, mais recentemente, em um artigo («Uma Nova Doutrina Monroe para o Hemisfério Ocidental?»), um pesquisador da Heritage Foundation, James Jay Carafano, propôs o "rejuvenescimento da Doutrina Monroe". Tudo isso aprofundaria uma política anti-China que começou no segundo governo Obama, com a chamada "estratégia de pivô" anunciada em 2011, e que foi amplamente aguçada por Trump e Biden. Agora, a expectativa é que o novo governo Trump venha fortalecê-la ainda mais.

"*Eles precisam de nós mais do que nós precisamos deles...*", declarou Trump no Salão Oval ao se referir à América Latina após assumir a presidência dos Estados Unidos. A mensagem para o restante do continente é que Washington não tolerará a falta de alinhamento. Os países que não cooperarem enfrentarão sanções econômicas, incluindo tarifas que afetariam sua balança comercial, classificações de risco e acesso aos mercados financeiros. O Secretário de Defesa de Trump, Pete Hegseth, não deixou dúvidas sobre a linha a seguir: "'o governo Obama tirou os olhos do alvo e permitiu que a China se infiltrasse em toda a América do Sul e Central com sua influência econômica e cultural. O presidente Trump disse: 'Isso não vai mais acontecer, estamos retomando o nosso quintal'".

O governo Trump considera os países da América Latina e do Caribe como seu quintal e essenciais para recursos naturais estratégicos e segurança. Em 13 de fevereiro, o Almirante Alvin Holsey, comandante do Comando Sul dos EUA, testemunhou perante o Comitê de Serviços Armados do Senado. Falando sobre a presença da China na América Latina, ele disse: "Enquanto os Estados Unidos olham para o Extremo Oriente, a China ara terreno fértil ao sul. A região abriga abundantes recursos naturais, incluindo 20% das reservas mundiais de petróleo, 25% dos metais estratégicos, 30% da área florestal, 31% das áreas de pesca e 32% dos recursos renováveis de água doce. A economia desempenha um papel central no interesse da China na região. Compreendendo isso, a China usou sua Nova Rota da Seda para se tornar o maior parceiro comercial da América do Sul e o segundo maior da América Central e do Caribe".

César Fonseca diz que é o início da nova geopolítica de Washington para a América do Sul. De fundo, a busca pelo fornecimento de energia e minerais estratégicos. Para enfrentar a China, o adversário mais forte que pulou à frente na competitividade global, os Estados Unidos cuidam, de agora em diante, das fontes de matéria prima no seu espaço geopolítico que domina por meio da Doutrina Monroe. O preço dos produtos primários essenciais à manufatura global tende a valorizar-se em relação aos produtos industrializados, cuja produção em escala tecnológica reduz preços, como faz a China, para dominar o comércio mundial. Já os produtos primários são escassos, portanto, mais valorizados, mais lucrativos. E a América Latina é abundante em todos os produtos primários.

Neste contexto, existem duas questões-chave da nova estratégia de Trump para a América Latina que merecem maior destaque: a nova geopolítica do petróleo no Caribe e a contenção da Nova Rota da Seda.

O governo Trump está colocando em movimento uma geopolítica do petróleo muito mais perigosa na América Latina. Como apontou Edward Hunt, o governo Trump está organizando uma rede de estados produtores de energia no Caribe para fornecer à região um suprimento constante de combustíveis fósseis. Na esperança de deixar de lado a Venezuela, o país rico em petróleo que antes fornecia petróleo acessível ao Caribe, o governo Trump está trabalhando para posicionar outros países ricos em petróleo como os principais fornecedores de energia da região. Autoridades do governo estão particularmente focadas na Guiana e no Suriname, dois países ricos em petróleo que eles esperam que os líderes regionais adotem como alternativas à Venezuela. O fato de seus próprios países, Guiana e Suriname, agora serem capazes de superar a Venezuela na produção de petróleo e trabalhar com seus vizinhos na região é uma grande oportunidade para Trump. Com a Venezuela sofrendo uma grave crise econômica para país que não está em guerra, incluindo um declínio significativo em sua indústria petrolífera, o governo está pronto para restaurar a supremacia dos EUA no Caribe. Na esperança de marginalizar permanentemente a Venezuela e excluí-la completamente do Caribe, o país começou a criar uma rede de países produtores de petróleo que fornecerão petróleo para a região sob ordens dos EUA. Nas últimas semanas, o governo Trump tomou várias medidas em direção aos seus objetivos. Em 24 de março, o presidente Trump emitiu uma ordem executiva ameaçando impor uma tarifa de 25% a qualquer país que importasse petróleo da Venezuela. A ordem de Trump colocou forte pressão sobre os líderes caribenhos que esperavam reativar a Petrocaribe. Em segundo lugar, o governo Trump organizou visitas diplomáticas dos EUA aos países caribenhos. No final de março, o Secretário de Estado Marco Rubio viajou para a Guiana e o Suriname, onde elogiou seus líderes por abraçarem a produção de petróleo e os encorajou a trabalhar juntos em uma nova rede sob a liderança dos EUA. Essa abordagem pode ser exemplificada com Trump buscando assegurar os interesses da ExxonMobil na Guiana. Marco Rubio deixou claro, em visita recente, que os Estados Unidos vão intervir militarmente para proteger a exploração de petróleo da companhia estadunidense, caso ela seja ameaçada – em especial, pela Venezuela. O governo Trump respondeu agressivamente às reivindicações territoriais da Venezuela, sinalizando que os militares dos EUA intervirão se a Venezuela tentar tomar qualquer parte do território da Guiana. Autoridades do governo estão buscando criar um acordo de segurança com a Guiana que forneceria ao país o mesmo tipo de proteção militar que os Estados Unidos estendem aos seus parceiros ricos em energia no Oriente Médio.

Uma hipotética intervenção militar direta dos EUA não asseguraria apenas o petróleo guianense, mas também levaria à desestabilização do governo venezuelano, dono das maiores reservas de petróleo do mundo. Também poderia significar uma intervenção da Guiana Francesa. É claro, tal intervenção também significaria um perigo elevadíssimo para o Brasil e toda a América do Sul e Latina – que o Pentágono deseja publicamente afastar da China, e nenhuma solução pode ser descartada.

Tudo isso deixa em aberto a possibilidade de Washington se tornar mais agressivo em relação a crescente presença da Nova Rota da Seda da China na América Latina. Anunciada em 2013 pelo presidente Xi Jinping durante visitas oficiais e oficialmente lançada em 2015, a iniciativa tem atraído a atenção internacional pela magnitude dos seus projetos e objetivos. Ela expandiu-se em uma rápida velocidade, abarcando atualmente uma série de acordos de cooperação com 150 países. A maioria deles já tem a China como principal parceira comercial. Vista como uma das estratégias geoeconômicas mais ambiciosas da história mundial recente, ela tem como objetivo anunciado investir mais de US$ 1 trilhão em projetos ao redor do mundo, criando uma rede de comércio e infraestrutura que conectará diversas regiões globais — tendo a China como principal elo.

A China incentiva investimentos diretos na América Latina no contexto da continuada expansão de suas empresas e da Nova Rota da Seda. Criaram-se mais de uma dezena de fundos com lastro nas reservas chinesas. Estabeleceu-se o CLAI Fund (China Latin American Investment Fund for Industrial Cooperation) e o CLAC Fund (China Latin American Cooperation Fund), com participações do China Development Bank (CDB), ChinaExim e da State Administration of Foreign Exchange (SAFE). Até o momento, 21 países (Bolívia, Chile, Costa Rica, Panamá, Equador, Peru, Venezuela, Cuba, Equador, Jamaica, Trinidad e Tobago, Uruguai e outros) estabeleceram acordos na Nova Rota da Seda.

Dessa forma, não foi somente o comércio entre a região e a China que se expandiu, mas também se estabeleceu uma aliança estratégica implícita contra a posição dominante dos Estados Unidos.

À medida que a guerra comercial global se intensifica entre os EUA e a China, é possível que Washington aja de forma ainda mais agressiva em relação aos países latino-americanos que buscam laços mais profundos com Pequim. Só que sem medidas concretas para apoiar o crescimento econômico e a diversificação da economia latino-americana, a China continuará sendo uma força econômica dominante na região. E é impossível para Washington chegar perto de igualar a escala de oportunidades de comércio e investimento que a China pode oferecer à região. Se, por um lado, os EUA tentam limitar a presença da China no Canal do Panamá, a China faz importantes investimentos em portos latino-americanos, como o megaporto de águas profundas de Chancay (recentemente inaugurado) no Peru, sendo uma porta de entrada para a América do Sul. O porto reduzirá pela metade o tempo de embarque da China e permitirá que os países sul-americanos contornem os portos mexicanos e americanos no embarque de mercadorias para a Ásia, consolidando a importância da China no transporte estratégico e nas cadeias de suprimentos de e para a região. Além dos projetos de infraestrutura, inclusive de interconexão da América do Sul, muitos outros setores podem ser fomentados pelos países, em especial oleodutos e gasodutos, infraestrutura, portos e ferrovias, em áreas de inovação, novas energias, agricultura, tecnologias da informação (5G, Internet das Coisas, IA, etc.), cidades inteligentes, parques industriais e tecnológicos, modernização bélica e sustentabilidade.

Em última análise, a estratégia atual do governo Trump, que prioriza o domínio em detrimento da parceria pode alcançar algumas vitórias táticas. No entanto, a longo prazo, corre o risco de fracasso estratégico e da erosão contínua da influência dos EUA na região, o que proporcionará uma oportunidade para outras potências preencherem o vazio. Assim, as políticas de Trump podem acabar por acelerar a aproximação com a China e outros parceiros asiáticos.

Com o expansionismo do século XIX, os Estados Unidos se ornaram uma potência com acesso a terras agrícolas férteis para agricultura, recursos energéticos, espaço para o crescimento demográfico e o desenvolvimento do seu mercado interno, a rotas comerciais e, definitivamente, a possibilidades inigualáveis o fortalecimento de uma pujante economia capitalista. Desde então, os países da América Latina são tratados como "objetos" pelos principais líderes dos EUA. Não seria imaginável que existam atores autônomos no seu "quintal" com seus próprios interesses. Com Trump, a região continuará sendo tratada menos como um parceiro igual e mais como uma esfera de influência a ser controlada em linha com os interesses estratégicos dos EUA. Nesse contexto, os governos, incluindo os aliados mais próximos dos Estados Unidos, enfrentam uma escolha: alinhar-se à agenda de Washington ou enfrentar sanções severas. A tentativa de "recapturar o quintal" será bem sucedida? Intervenções no continente unilateralmente serão aceitas pelos povos latino-americanos? Quais serão as consequências para operações militares no Panamá e na Groelândia? E o apoio político para grupos alinhados às políticas de Trump? Ainda não sabemos. Na crise diplomática dos aviões entre EUA e Colômbia, em poucas horas, o governo Trump projetou seu poder e deixou claro que a cooperação com os EUA – nesse caso, a Colômbia recebendo deportados – não era opcional. As repercussões foram rápidas. O Panamá renunciou a renovar os acordos com a China sobre o canal interoceânico, o governo venezuelano liberou incondicionalmente os cidadãos estadunidenses detidos e tanto o México quanto o Canadá fortaleceram sua cooperação em migração e segurança. Ao mesmo tempo, as ações do governo Trump causaram reações como choque, confusão, negação, desilusão e raiva. É evidente o desgaste da imagem de Washington. Na América Latina, liga-se um sinal de alerta.

12

Em busca da soberania perdida

O historiador Eric Hobsbawn apontava que o os governos dos Estados-nações e Estados territoriais modernos apoiam-se em três presunções: primeiro que tenham mais poder do que qualquer outra unidade que opere em seus territórios; segundo, que os habitantes dos seus territórios aceitem mais ou menos de bom grado sua autoridade; e terceiro, que eles possam proporcionar aos habitantes serviços que de outra maneira não poderiam ser prestados com efetividade, como a manutenção da lei e da ordem. Por mais de duzentos anos, até o final da década de 1970, a ascensão do Estado moderno deu-se de forma contínua e independentemente da ideologia e da organização política. Nos últimos quarenta anos, a tendência se inverteu. O Estado neoliberal abandonou muitas de suas atividades diretas tradicionais. O Estado territorial perdeu o monopólio da força armada, da estabilidade e do poder. Ao minar a influência do Estado na condução da sociedade, o (neo)liberalismo passou a desmontar o aparelho estatal, privatizando suas funções para o mercado ou simplesmente retirando-o das responsabilidades antes estratégicas, como o uso legítimo da violência, política monetária e cambial, política externa, energia, infra-estrutura, indústria, serviços de saúde e educação e cultura (HOBSBAWN, 2007).

O conceito de soberania, tal qual o entendemos desde alguns séculos, vem sofrendo uma série de questionamentos, dadas as numerosas variáveis que o colocam em xeque a cada momento, na atualidade. Tais variáveis são tanto de ordem política, econômica, cultural, tecnológica e mesmo natural. Vários elementos contribuíram para a mudança do Estado moderno para o Estado contemporâneo e a consequente alteração no conceito de soberania. O primeiro é o surgimento de novos atores internacionais, como as organizações internacionais, empresas transnacionais e as organizações não-governamentais (ONGs). Outro elemento que afronta a soberania individual do Estado é o desenvolvimento do direito internacional, que impõe normas que buscam regular as relações internacionais, inclusive dentro do âmbito estatal quando da proteção de direitos dos cidadãos, como os direitos humanos. O Estado nacional perde o monopólio da soberania jurídica, tendo que conviver com uma série de atores como escritórios jurídicos, ONGs, instituições internacionais e nações hegemônicas. Um terceiro elemento é a internacionalização do processo de elaboração de decisões políticas. Com o crescimento das novas formas de associações políticas, há uma rápida expansão dos vínculos transnacionais, crescente interpenetração da política externa na doméstica e o desejo da maioria dos Estados em possuir uma forma de governo e regulação internacional que possa afrontar os problemas políticos coletivos. Um quarto elemento são os poderes hegemônicos e estruturas de segurança internacional, que se contrapõem com a ideia de Estado como um ator militar e estrategicamente autônomo no desenvolvimento do sistema global de Estados.

Um quinto elemento limitador é a identidade nacional e globalização da cultura. Afinal, com a consolidação da soberania estatal nos séculos XVIII e XIX houve uma promoção da identidade do povo como sujeito, como cidadão. O cidadão estando sujeito à jurisdição de um dado Estado foi progressivamente compreendendo que pertencia à respectiva comunidade, bem como quais seriam os direitos e obrigações aos quais deveria se sujeitar. Com o desenvolvimento dos veículos de comunicação ocorreu o que pode ser denominado de "globalização cultural", com contados cada vez mais intensos com pessoas de outros países, outras culturas e outros pensamentos. Com o advento da internet, as fronteiras culturais tornam-se ainda mais fluidas, ao passo que, estimulam-se novas formas de identidades culturais, ao mesmo tempo reavivando, intensificando ou, por vezes, destruindo, as antigas. Isso remodela a política, pois no interior dos Estados, os partidos são minados e superados por novas formas de organização e participação política, perdendo sua soberania na intermediação entre as pessoas e os governos.

Com a globalização neoliberal, até os Estados ocidentais mais fortes e estáveis perderam seu monopólio absoluto da força coercitiva, a lealdade voluntária dos cidadãos ao Estado e a capacidade do Estado de prestar serviços eficientes para os cidadãos. O recuo do Estado de sua soberania nas últimas décadas é o principal fenômeno da globalização. Ele rompe com toda tradição de desenvolvimento das sociedades que perduram nos últimos séculos. Olhando para os últimas 40 anos de dominância liberal, com a retirada gradual da soberania do Estado, a taxa de crescimento econômico geral foi menor do que o keynesianismo da Segunda Guerra Mundial. Nem os principais países capitalistas centrais e nem os menos desenvolvidos ficaram ricos e fortes. Com pandemia de Covid-19, escancararam-se as mazelas do capitalismo, como falta de coordenação estatal, privatização e controle político em favor dos mais ricos, polarização social, crescimento e produtividade em declínio, farra nos mercados financeiros, insegurança alimentar e até casos de pirataria, como no caso do governo norte-americano confiscando produtos médicos em alto mar. Some-se ao quadro novos conflitos armados e o uso do dólar como arma de guerra, para subordinar países que desalinhados aos interesses dominantes dos Estados Unidos.

Conforme Paolo Gerbaudo, em muitos países, as opções de política econômica estão se afastando de uma estratégia de integração global indiscriminada e vão se aproximando de um modelo de integração seletiva e controlada. Embora a abertura ao mercado global tenha sido vista durante os longos anos 1990 como uma fonte de prosperidade, agora também é percebida como fonte de perigos contra os quais é preciso recuperar as formas de controle e proteção exercidas pelo Estado. De problema, o Estado passa a ser a solução. O neoliberalismo está sendo questionado, enquanto o "neo-estatismo" (um novo consenso entre os partidos sobre a necessidade de um Estado mais intervencionista) está prestes a substituí-lo. O neoestatismo parece cada vez mais com o "novo normal", dentro do qual esquerda e direita precisarão desenvolver novas posições. O retorno do Estado muda as regras para ambas. Agora todas as forças têm que responder à questão de que tipo de intervenção do Estado se deseja realizar. Na esquerda, se costuma reafirmar o controle do estado sobre a política industrial e serviços públicos. Na direita, o Estado deve garantir a propriedade (GERBAUDO, 2023).

A globalização perdeu o encanto e as ideias do Consenso de Washington estão em declínio. Os problemas definidores de nossa era não parecem ter "soluções de mercado" confiáveis. No entanto, eles fazem com que o Estado pareça vulnerável e sem controle. Isso gera ansiedade generalizada, a chamada agorafobia, que, por sua vez, desencadeia uma demanda por segurança e proteção, algo que só o Estado pode oferecer. Há espaço para propor sua ação em favor de direitos e proteção para as maiorias. Por hesitar em fazê-lo, a esquerda abre espaço para extrema-direita. A direita populista parece ter chegado a um acordo com esse novo estado de coisas pós-neoliberal. Desenvolveu uma estratégia que se concentra na proteção da identidade e da propriedade e formou uma coalizão que abrange desde a classe média alta e as pequenas empresas até os trabalhadores marginalizados. A esquerda, por outro lado, está em negação sobre a virada atual ou ainda indecisa sobre como responder a ela. Para avançar, a esquerda deve enfrentar um mundo em que a globalização neoliberal está em declínio e o intervencionismo estatal tende a se tornar cada vez mais importante. Em outras palavras, os progressistas precisam desenvolver suas próprias políticas de proteção (GERBAUDO, 2023).

Para Gerbaudo, enquanto a direita percebeu rapidamente a crise do consenso neoliberal e desenvolveu uma nova abordagem ideológica – abandonando sua crítica ao protecionismo e aos gastos públicos, ao tempo em que atacava furiosamente o liberalismo social – partidos e candidatos socialistas muitas vezes se viram na defensiva e até aliando-se aos neoliberais centristas, em defesa de uma ordem global em colapso. Muitos ainda veem o retorno das posturas protecionistas como uma tendência passageira ou meramente uma continuação do neoliberalismo por outros meios. E embora a esquerda possa criticar o mercado, certamente não está totalmente convencida sobre os possíveis benefícios do crescente intervencionismo estatal – uma suspeita justificada pela memória do totalitarismo e por evidências mais recentes da cumplicidade do Estado na produção da desigualdade social. Mas a estratégia progressiva nas condições atuais não pode evitar a questão de como o Estado pode ser usado para oferecer proteção econômica e segurança contra riscos e restabelecer formas de controle político. Dada a solidez do bloco empresarial, alterar a correlação de forças exigiria um projeto ambicioso de transformação social, e não apenas reivindicações pontuais. Requereria um nível de organização e mobilização popular muito maior do que o atualmente articulado por sindicatos e organizações progressistas (GERBAUDO, 2023).

Diego Fusaro aponta o abandono da ideia de soberania nacional pela esquerda, o que implica a conivência desta esquerda com as classes dominantes. O surgimento da nova direita, com um tipo de soberania regressiva, tem a ver com o abandono pela esquerda do campo da soberania nacional, entregando-o assim à direita. Para Fusaro, os Estados-nação são o último bastião da resistência contra a globalização capitalista, o terreno dialético de um possível conflito onde se confrontam as ideias daqueles que querem um Estado soberano nacional e socialista, e daqueles que, por outro lado, querem um Estado soberano liberal. Ou seja, um Estado soberano para os dominados ou um Estado soberano para os dominadores.

Fusaro diz que o conflito de classes hoje é o conflito entre uma classe cosmopolita líquido-financeira, por um lado, e as massas populares nacionais, por outro. A classe dominante é de direita na economia e de esquerda nos costumes e na cultura. De direita por assumir o imperativo liberal na economia: privatização, cortes de gastos públicos, falta de investimentos, supressão de direitos sociais. Isso é, aprofunda a dessoberanização da economia e reforça a luta de classe em favor das classes dominantes. Por outro lado, promotora da chamada "política de identidade", resulta em políticas de pulverização de qualquer identidade, além daquela dos novos enclaves de "modos de vida". Referem-se pontualmente a uma identidade gadgetizada, criada pela fragmentação de toda identidade histórica e social que não pode ser assimilada na sociedade do livre mercado. Por isso, políticas de identidades resultam em reinvindicações competitivas por parte de identidades parciais, inimigas das identidades históricas e culturais dos povos, das nações e das comunidades que não coincidem com as multidões anônimas de consumidores desenraizados. Fusaro aponta que a "astúcia da razão liberal" está exatamente em garantir que se concentre apenas em "direitos" que não interfiram e até promovam a reprodução do capital. Enquanto os senhores da globalização administravam pelo neoliberalismo a questão econômica e laboral, a título de compensação se promovia uma série de direitos inofensivos à ordem capitalista ou, de preferência, que operam para aprimorá-la. É o "reivindicacionismo" em que todo grupo pode ser identificado como uma vítima que sofre discriminação não econômica e pode ganhar espaços e direitos à custa de outros grupos, contribuindo ao desaparecimento de qualquer solidariedade de classe (FUSARO, 2020).

Fusaro acredita que a soberania é a chave. Aponta que é impossível ressocializar a economia se não for realizada uma recuperação preventiva da soberania nacional, isto é, enquanto permanecermos ao nível do cosmopolitismo sem fronteiras, a classe dominante capitalista continuará a vencer. Por isso, a esquerda deve recuperar a soberania nacional. É a *condição sine qua non* para repolitizar a economia e redemocratizar a realidade sociopolítica, com políticas típicas do Estado social, com leis nacionais que visam alcançar o pleno emprego e a defesa das classes mais fracas.

Porém, o problema de fundo é que a maioria dos países aderiram a globalização e o liberalismo como dogmas indestrutíveis e irrefutáveis. Muitos estão integrados à estrutura globalista na dimensão econômica, política, militar, ideológica e tecnológica. As classes políticas parecem incapazes de fazer a transição para um novo Estado, seja em termos operativos, ou aspectos de visão de mundo, cultura política e administrativa. Se os governos pretendem constituir-se como forças dirigentes diante da situação, seu objetivo fundamental deve ser reestabelecer a soberania nacional, voltar para si e buscar a autossuficiência de fornecimentos externos em setores estratégicos relativos à alimentação, produtos industriais, energia, sistema monetário e financeiro e poderio militar. Neste "despótico mundo novo", é de um Estado forte que se precisa, que seja soberano, promotor da integração nacional, planejador, centralizado e unitário, capaz de levar adiante as transformações que impulsionem o desenvolvimento nacional.

Soberania é a ideia central da conjuntura. Diante da globalização neoliberal, que debilitou o poder dos Estados, a soberania reconquista parte de sua dimensão revolucionária.

Referências

FUSARO, D. La sociedad abierta: Condena turbomundialista contra los pueblos. EAS, 2020a.

________. La lucha de clases en el siglo XXI. Santiago: Ignacio Carrera Pinto Ediciones, 2020b.

GERBAUDO, P. O Grande Recuo: a política pós-populismo e pós-pandemia. Todavia, São Paulo, 2023.

GRAMSCI, A. Cadernos do cárcere. Volume 3. Maquiavel. Notas sobre Estado e a Política. Rio de Janeiro, Civilização Brasileira, 2001.

HOBSBAWN, E. Globalização, democracia e terrorismo. Companhia das Letras, São Paulo, 2007.

Sobre o autor

Nasceu em Curitiba. Pós-Doutor em Política Públicas e Planejamento Urbano, doutor em Sociologia, mestre em Ciência Política e graduado em Relações Internacionais. Militante do Movimento Popular por Moradia (MPM). Integrante do Mimesis Conexões Artísticas.

Autor de 20 livros: *Classes Dominantes no Paraná Contemporâneo: Família, Poder e Riqueza*, *COVID-19 e a nova geopolítica global*, *Marx no século XXI: valor, crise e capitalismo financeiro*, *Guerra Civil Brasileira: 1891-1894*, *Em Defesa do Projetamento: Ignácio Rangel e os desafios brasileiros*, *Geopolítica Hídrica Global*, *Do Terceiro Mundo à emergência do Sul Global*, *Estratégias de Desenvolvimento no Sul Global: capitalismo monopolista, capitalismo de Estado ou socialismo de mercado?*, *Introdução ao Planejamento na China: planos quinquenais e desenvolvimento urbano*, *A Revolução das Cidades Inteligentes na China*, *Quem tem medo do projetamento?*, *Reflexões sobre o Socialismo Chinês e Deng Xiaping: as ideias que transformaram a China na superpotência do século XXI*.

Na literatura, autor de *Desencontros e seus golpes* (poesia), *Profeta Joel no fim dos tempos* (teatro), *Revolta Paraná* (conto), *93 Haikais* (poesia), *Última hora* (poesia) e *Civilização da Mandioca e outros poemas luso-tropicais* (poesia), muitos pela Kotter Editorial.

pólen bold 90 gr/m2
tipologia calisto mt
impresso no outono de 2025